Karin Exner-Wöhrer

So zart und doch so stark

W0267568

HERDER spektrum
Band 5776

Das Buch

Anabel kommt zu früh auf die Welt, viel zu früh. Es beginnt der Kampf um ihr Leben, aussichtsreich zunächst. 540 Gramm leicht, aber auch so kleine „Frühchen" sind durchzubringen. Karin Exner-Wöhrer macht eine Erfahrung, die an die Grenze geht: Eine Frau, die vom Erfolg verwöhnt wurde, die vieles erreicht hatte, erfährt, was Ohnmacht bedeutet – und sie erfährt auch, was die Macht der Liebe vermag: denn die Liebe dieses winzigen, zarten Mädchens Anabel, die ihren eigenen, starken Charakter schon im Inkubator zeigt, verwandelt vieles: die Einstellung zur Welt, zum Leben. Wie sie und ihr Mann durch diese schwere Zeit hindurch gekommen sind, macht Mut trotz aller Trauer. Sie zeigt, dass nicht der Tod, sondern die Liebe das letzte Wort hat.

„Ein Buch der Liebe, des Schmerzes und Leides und doch voll der Kraft und des Mutes. Ein außergewöhnliches Buch: sensibel, voller Gefühle. Die zutiefst bewegende und menschliche Geschichte einer Frau, die ihr persönliches Schicksal erzählt und damit vielen anderen trotz Stunden des Schmerzes, der Angst, der Ohnmacht, der Verzweiflung, der Einsamkeit, der Hilflosigkeit Mut schenkt" (Professor Dr. med. Siegfried Meryn). Ein außergewöhnliches Buch einer außergewöhnlichen Frau.

Die Autorin

Dr. Karin Exner-Wöhrer, geboren 1971 in Zürich, aufgewachsen in Sierra Leone/Westafrika, wollte erst Maschinenbau studieren, promovierte aber dann in Betriebswirtschaft und ist im Finanzvorstand eines österreichischen Automobilzulieferers. Durch den frühen Tod ihrer Tochter wurde sie auf einmal mit gänzlichen anderen Themen konfrontiert. Ihr Leben relativierte sich in jeder Hinsicht: in den eigenen Zielen, Werten und Beziehungen.

Karin Exner-Wöhrer

So zart und doch so stark

Mein Kind, das zu früh starb – Ein Buch der Liebe

HERDER

FREIBURG · BASEL · WIEN

Gedruckt auf umweltfreundlichem,
chlorfrei gebleichtem Papier

Originalausgabe

Alle Rechte vorbehalten – Printed in Germany
© Verlag Herder Freiburg im Breisgau 2006
www.herder.de
Satz: Dtp-Satzservice Peter Huber, Freiburg
Herstellung: fgb · freiburger graphische betriebe 2006
www.fgb.de
Umschlaggestaltung und Konzeption:
R·M·E München / Roland Eschlbeck, Liana Tuchel
Umschlagfoto: © Gerhard Merzeder
ISBN-13: 978-3-451-05776-1
ISBN-10: 3-451-05776-X

Für Leo und Caroline

Für Anabel

Inhalt

Ein Buch der Liebe

Vorwort von Professor Dr. Siegfried Meryn

Geburt und Tod zählen zu den einschneidendsten Erlebnissen unserer menschlichen Existenz. Doch während eine Geburt gefeiert wird, wird der Tod weitgehend tabuisiert.

Karin Exner-Wöhrer, die beides so schnell hintereinander erleben musste, hat ein besonderes Buch geschrieben: Ein Buch der Liebe, des Schmerzes und Leides und doch voll der Kraft und des Mutes. Ein außergewöhnliches Buch: sensibel, voller Gefühle. Die zutiefst bewegende und menschliche Geschichte einer Frau, die ihr persönliches Schicksal erzählt und damit vielen anderen trotz Stunden des Schmerzes, der Angst, der Ohnmacht, der Verzweiflung, der Einsamkeit, der Hilflosigkeit Mut schenkt. Das Buch erzählt auch von der Abhängigkeit von anderen Menschen, von Ärzten, Schwestern und Pflegern, und es berichtet sowohl von der Liebe als auch von der Sprachlosigkeit von Familie und Freunden, aller.

Kann eine Frau im Augenblick des Verlustes des Allerliebsten schreiben: „Ich gehöre zu den Glücklichen, die aus dieser Erfahrung viel Kraft für einen neuen Anfang schöpfen konnten"? – Ich glaube schon. Ich erinnere mich in diesem Zusammenhang an ein Gespräch mit einem Krebspatienten während einer Chemotherapie tief in der Nacht: „Wenn ich das hier überlebe, möchte ich dieses Erlebnis nicht missen!" Lange habe ich gebraucht, um zu verstehen, dass es nicht Koketterie mit dem Leben ist, sondern die Existenzialität des Erlebten, das zu unbekannter Tiefe führt und damit positiv und lebenskonstruktiv angenommen werden kann.

„Alles relativiert sich."

Die Konfrontation mit tragischen Nachrichten, wie zum Beispiel der Diagnose einer chronischen Krankheit oder mit dem eigenen Tod oder dem Tod eines geliebten Menschen, löst meist eine fünfphasige Abwehrreaktion bei den Betroffenen aus: Verweigerung, Wut, Verhandeln, Depression und Akzeptanz. Das einzige, was allen Phasen gemeinsam ist und bleibt, ist die Hoffnung.

Alles verändert sich, die Beziehung zum Leben und zum Tod, die Beziehung zum Partner, die Beziehung zur Familie und zu den Freunden. Die Beziehung zur Medizin.

Dieses Buch ist ein Buch der Liebe: „Ein Leben danach, ‚wie wenn nie etwas gewesen wäre', gibt es nicht." Für nichts gilt dieser Satz mehr als für den Tod des eigenen, geliebten Kindes.

Hat dieses Buch für andere Menschen Bedeutung? – Für viele. Für andere betroffene Mütter, Väter und Eltern in derselben Situation, auch wenn die individuelle Erfahrung der existentiellen Elementarerlebnisse wie der Tod des eigenen Kindes keinen Vergleich erlaubt.

Und weit darüber hinaus: Ich glaube, dass die tiefere Bedeutung dieses Buches in der Erfahrung der Größe der Liebe und Endlichkeit und der eigenen Existentialität liegt. „Alles relativiert sich": Die eigenen Ziele und die eigenen Werte, Kontexte, die eigene Beziehung, der Freundeskreis, die Gesellschaft und vor allem das eigene Leben. Alle Sinne schärfen sich. Vielleicht vertieft sich auch das Verständnis für die Armen, die Verlassenen, die Unterdrückten, die vom Schicksal Benachteiligten dieser Welt. Das eigene Tun und Streben relativiert sich.

Hat dieses Buch Bedeutung für Nicht-Betroffene, für die Gesellschaft außerhalb, für die medizinischen Berufe, für die aufopfernd, unermüdlich unterstützenden Schwestern und Ärzte, für Medizinstudenten? – Ich glaube schon. Karin Exner-Wöhrer dankt auch dem medizinischen und pflegerischen Team: „ich weiß, was ihr mir gegeben habt", und gibt ihnen die Kraft für das täglich wiederkehrende Leid. Es erinnert uns alle auch daran, keine Schutzmauern aufzubauen, sondern Gefühle, auch Ängste, Verzweiflung, Wut, Zorn und Ärger, aber vor allem die Liebe, zuzulassen.

Dieses Buch ist ein zutiefst bewegendes Buch der Liebe.

Anfang und Ende

Ausgangspunkt dieses Buches ist die viel zu frühe Geburt meiner Tochter Anabel. Ihre Geburt war der Beginn eines langen Leidensweges für sie, aber auch für uns, der Beginn einer intensiven Auseinandersetzung mit der Medizin, mit den Grenzen der Medizin, mit dem Tod und seiner Bewältigung. Sie war für mich der Beginn eines wundervollen und unheimlich bereichernden Lebensabschnittes. Sie war Auslöser intensiver Reflexion und grundlegender Veränderungen bei mir selbst, bei unserer Ehe und Partnerschaft, bei uns als Familie, teilweise sogar bei unseren Freunden. Sie war Ursache für eine grundlegende Änderung unserer Maßstäbe und hat alles andere relativiert.

> *„Liebe Anabel!*
>
> *Du hast mit 540 g mein Leben verändert, wie ich es mir nie hätte träumen lassen.*
>
> *Du hast mir die schönsten und schwersten Stunden meines Lebens geschenkt.*
>
> *Beide Seiten möchte ich nicht missen, auch wenn ich die schweren Stunden niemandem wünsche.*
>
> *In großer Vorfreude auf unser gemeinsames Leben …“*

So begann ich mein Tagebuch, nicht ahnend, was noch alles auf mich zukommen würde. Ich wollte meiner Tochter an ihrem 18. Geburtstag ein „Dokument“ überreichen, in dem sie über ihre ersten Lebenswochen und -monate nachlesen könnte. Immerhin war sie ein ungewöhnlicher Fall.

540 Gramm schwer, viel zu früh geboren, aber gesund und eine Kämpfernatur, dazu wild entschlossen, diese große Aufgabe, diesen schwierigen Start in ihr Leben zu meistern. Unser gemeinsames Leben sollte nicht lange währen. Nach beinahe zehn Wochen musste sich die Intensivmedizin geschlagen geben. Sie war an ihre Grenzen gestoßen. Ob das gut war oder schlecht, werden wir nie erfahren, und ich möchte es nicht bewerten. Es würde an den Tatsachen nichts ändern und die Trauer nicht mildern. Die Natur, das Schicksal oder woran auch immer man glauben mag, hatte für Anabel offenbar einen anderen Weg vorgesehen. Nach einem langen, harten Kampf mussten wir der Natur ihren Lauf lassen: Anabel, wir Eltern, Caroline, ihre ältere Schwester, die Ärzte, Schwestern und Pfleger, die über diese Wochen hinweg Teil unserer Familie geworden waren. Trotz aller Trauer haben wir viel gelernt, gelacht und Anabel viel zu verdanken.

Was ist das für ein Buch, das mit dem Ende beginnt?

Es geht um ein Thema, das, im engeren Sinn der Frühgeburtlichkeit, zum Glück nur eine Minderheit betrifft. Ein wenig weiter gefasst, ist es ein Themenkreis, der jeden von uns direkt oder indirekt sehr schnell betreffen kann. Im weitesten Sinne betrachtet, geht er uns alle an. Denn es geht um Leben, Tod, Partnerschaft, darum, die Realität zu begreifen, sie zu akzeptieren und zu verarbeiten, Toleranz zu üben und ungewohnte Wege zu begehen, das eigene Leben unter geänderten, unerwartet andersartigen Umständen fortzusetzen.

Es ist zunächst natürlich ein Buch für Eltern frühgeborener Kinder. Es richtet sich aber nicht nur an sie. Es ist gleichermaßen ein Buch für Angehörige, Geschwister und Freunde, die mit einem zu früh geborenen Kind und der ganzen Tragweite einer Frühgeburt, mit einem möglicherweise behinderten Kind oder sogar mit dem Tod dieses Kindes oder dieses Geschwisterchens konfrontiert werden bzw. dies schon sind. Es ist zugleich ein Buch für Menschen, die Betroffene begleiten wollen und damit selbst mit dem Tod konfrontiert werden, die besser verstehen möchten, wie es betroffenen Hinterbliebenen gehen kann und was in ihnen vorgehen könnte.

Es ist ein Buch für Menschen, die es auf sich nehmen, Fragen zu stellen und andere Perspektiven einzunehmen zu Themen, die uns unerwartet und zumeist unvorbereitet treffen. Es ist ein Buch über das Leben, denn der Tod ist ein Teil des Lebens, genauso wie eine Behinderung sehr schnell ein Teil des eigenen Lebens werden kann, ob unmittelbar am eigenen Leib oder durch das enge Miteinander mit einem behinderten Menschen erlebt. Das sind Themen, die in unserer Gesellschaft gerne verdrängt werden, weil sie in jeder Hinsicht unangenehm sind. Auch für mich waren sie vorher nie wirklich ein Thema. Dabei will dieses Buch nicht Angst erzeugen und auch nicht fatalistisch sein, sondern bewusst machen, dass solche Krisen auch Chancen bergen können, sofern sie genutzt werden.

Es ist ein Buch für Menschen, die sich dieser Herausforderung stellen müssen – und wollen.

Liebe Freunde von Eltern frühgeborener Kinder! Liebe Freunde von Hinterbliebenen!

Unterstützen Sie die Betroffenen bei der Konfrontation mit den unangenehmen Themen, so schwer es Ihnen auch fallen mag und so sehr Sie auch den Eindruck haben, in vermeintlichen Wunden zu bohren. Tun Sie es, auch wenn Sie das Gefühl nicht loswerden, nun auch noch das sprichwörtliche „Salz“ in diese Wunden zu streuen. Tun Sie es, indem Sie den betroffenen Eltern Mut machen, die Konfrontation einzugehen und zuzulassen, und nicht den zunächst einfacheren Weg des Ausweichens und Verdrängens einzuschlagen.

Ich beginne nicht mit dem Ende, sondern nehme es vorweg. Ich glaube, es vorwegnehmen zu müssen, denn es geht in diesem Buch um Leben und um Tod, um Perspektiven und um Relativität. Natürlich ist am Tod selbst nichts relativ. An ihm gibt es per se nichts zu deuten oder zu werten und schon gar nichts zu relativieren. Der dem Tod vorhergehende Lebens- und vielleicht Leidensweg kann jedoch durchaus relativ betrachtet werden. Um Aussagen und Entscheidungen in diesem Zusammenhang richtig zu verstehen und vorschnelle Wertungen und Beurteilungen zu vermeiden, ist es wesentlich, die Rahmenbedingungen und die Perspektive zu kennen und zu berücksichtigen. Um Ihnen, lieber Leser, dies zu ermöglichen, nehme ich das Ende in dieser Einleitung bewusst vorweg.

Was immer Sie hier lesen werden, ist meine persönliche Erfahrung. Alles ist relativ. Was Sie hier lesen werden, sind keine Ratschläge und keine Wertungen bzw. sind nicht als solche gedacht. Mit dieser Situation muss jeder selbst lernen, umzugehen. Es gibt viele verschiedene Perspektiven und damit viele verschiedene Lösungsmöglichkeiten. Ich habe gelernt, zu akzeptieren, dass jeder Mensch anders ist und jeder Mensch mit einer solchen „Grenzsituation“ anders umgeht und auch umgehen darf. Ich halte es für wesentlich, dies zu akzeptieren, und nehme mir das Recht, selbst den Weg zu gehen, den ich für mich für richtig halte.

Dieses Buch ist kein Sach- oder Fachbuch. Es ist MEINE Zusammenfassung einer „Situation“, in die ich vollkommen unvorbereitet hineingeworfen wurde. Eine Situation, die vorher nicht einmal eine Denkvariante für mich gewesen war. Eine Situation, die eigentlich nur in der Zeitung, im Film, in Statistiken oder vielleicht bei unbekannten Freunden von Bekannten vorkam. Für mich wurde sie Realität. Bittere, traurige, aber auch bereichernde, großartige, wahnsinnig intensive Realität. Eine Realität und Erfahrung, die ich in mancher Hinsicht und zurückblickend nicht missen möchte, die mich körperlich und psychisch an meine Grenzen brachte, die mir zeigte, wie belastbar wir Menschen und unsere Beziehungen sind und sein können, und wie wichtig Ehrlichkeit, Offenheit und das Akzeptieren oft unangenehmer Wahrheiten und der Realität ist. Ich gehöre zu denen, die aus dieser Erfahrung viel Kraft für einen neuen Anfang schöpfen konnten. Ich habe dabei aber auch Frauen, Männer, Geschwister und Beziehungen kennen lernen dürfen und beobachten müssen, die über viele Jahre, manche sogar für den Rest ihres Lebens, unter einer solchen Zäsur leiden oder sogar daran zerbrechen. Es ist eine Zäsur, denn es wird nur mehr ein Leben „davor“ und eines „danach“ geben. Es ist sozusagen der Beginn einer neuen Zeitrechnung. Ihr Leben wird danach in jedem Fall anders sein als vorher. Wie es sein wird, hängt entscheidend von Ihnen selbst ab.

Was bei mir „funktioniert“ hat und warum, versuche ich in meinem Resümee zusammenzufassen. Es ist aus meiner sehr persönlichen Perspektive geschrieben und unter den spezifischen Rahmenbedingungen, unter denen ich diese Erfahrungen gemacht habe. Dieses Resümee kann Ihnen Ideen und Anregungen geben. Es gibt Ihnen aber keine Patentrezepte. Es zeigt Ihnen, wie auch die Kapitel davor, dass Sie nicht die Ersten und nicht die Einzigen sind, die sich mit diesen Themen und den vielen aufgeworfenen Fragen auseinandersetzen müssen. Es kann Ihnen andere Perspektiven geben oder manches relativieren, wenn Sie feststellen, dass Sie selbst mit Gedanken, die Ihnen unmenschlich vorkommen, nicht alleine sind.

Sie werden bei verschiedenen Passagen dieses Tagebuches möglicherweise schockiert sein. Schockiert über meine Offenheit, über meine Direktheit, über mangelnde Sensibilität, die ich in Ihren Augen vielleicht zeige. Es bleibt Ihnen selbstverständlich unbenommen, hierbei, in der allzu menschlichen Angewohnheit unserer Leistungsgesellschaft, sofort Wertungen vorzunehmen. Je mehr Sie aber eindringen werden in die Materie, desto mehr werden Sie feststellen, dass es darum nicht geht. Denn es gibt in diesem Zusammenhang kein Besser oder Schlechter. Es gibt nur ein anders. Es ist die Realität. In diesem Fall, die Realität aus meiner Perspektive und durch meine Augen betrachtet. Eine Realität, die oft weder gnädig noch schön ist. Aber eine Realität, die immer relativ ist.

Auch ein Erfolgsgeheimnis gibt es nicht und kein Rezept, wie man eine solche Krise „erfolgreich“ bewältigen kann. Es gibt eine Unmenge an Tipps, Ratschlägen und Literatur. Es gibt Ärzte und Therapeuten, die sehr wertvoll sein können, weil sie Ihnen einen Denkanstoß oder einen anderen Blickwinkel geben können. Mit vielen habe ich gesprochen, um auch ihre

Sicht der Dinge einfließen lassen zu können. Oft werden wir aber mit mehr Fragen als Antworten zurückgelassen. Dies ist kein Vorwurf, denn es gibt Fragen, auf die wir nie Antworten bekommen werden. Es sind Fragen, die uns auf die Suche nach Antworten schicken und genau dadurch weiterhelfen, wenn der sprichwörtliche Weg zum Ziel wird. Auch dieses Buch wird viele Fragen aufwerfen, Fragen, mit denen Sie konfrontiert werden, Fragen, mit denen Sie sich selbst konfrontieren bzw. sich selbst schon konfrontiert haben. Auch dieses Buch wird viele Fragen offen lassen. Fragen, die jeder nur für sich selbst beantworten kann, die jeder für sich selbst beantworten muss, ohne Rücksicht auf gesellschaftliche Normen, religiöse Vorgaben oder Moralvorstellungen. Viele dieser Fragen werden Sie nicht und wird auch niemand anders für Sie beantworten können. Viele dieser Fragen und die Suche nach den Antworten werden Sie aber in eine neue Dimension Ihres Lebens führen – wenn Sie es wollen und zulassen. Und das ist auch schon mein erster und einziger Ratschlag: Wollen Sie es. Es wird Ihnen in keinem Fall erspart bleiben, selbst Ihr Leben in die Hand zu nehmen und zu versuchen, diese Situation als Herausforderung anzunehmen, sie auch als Chance wahrzunehmen, die Sie nutzen können, und sie zu bewältigen. Nehmen Sie die Herausforderung an. Jetzt. Es wird Ihnen langfristig gesehen vieles leichter machen. Alle Hilfsmittel sind legitim, denn wir befinden uns auf einer Intensivstation, in einem Grenzbereich zwischen Leben und Tod. Die handelnden Personen sind Menschen. Menschen sind unberechenbar. Jeder Mensch ist anders. Die Natur lässt sich nur schwer einschätzen. Alles ist möglich. Nur eines ist sicher: Helfen müssen Sie sich selbst.

Liebe Männer!
Liebe Väter!

Legen Sie das Buch noch nicht beiseite. Es ist geschrieben aus der Perspektive einer Frau, wie es die Ihrer Frau oder die der Mutter Ihres Kindes sein könnte.

Gerade Sie als Väter sind in dieser Situation besonders gefordert. Nicht, um Ihr kleines Kind zu berühren, wenn Sie sich dies nicht zutrauen. Nicht, um Ihr kleines Kind zu „kangoroon", wenn Ihnen das in der nicht sehr intimen Umgebung der Intensivstation unangenehm ist. Nicht, um tageweise auf der Intensivstation zu sein, wenn es Ihr berufliches Engagement bzw. Ihre berufliche Verpflichtung nicht zulässt. Sie sind gefordert, das Leid, die Sorge und die Einsamkeit mit der Mutter Ihres Kindes zu teilen. Die Kräfte Ihrer Partnerin müssen ohnehin schon für sich und für Ihr Neugeborenes reichen. Auch Sie noch mitzureißen, zu motivieren, Ihnen Hoffnung zu geben, wenn es keine mehr zu geben scheint, wäre sehr viel verlangt. Damit meine ich nicht, dass Sie immer der starke, coole Cowboy sein müssen. Ich meine damit auch nicht, dass Sie Ihre Gefühle verbergen müssen. Ganz im Gegenteil. Es nimmt Ihnen sowieso keiner ab, dass Sie nicht getroffen sind, gerührt, belastet, verzweifelt. Zeigen Sie Ihre Gefühle und drücken Sie sich nicht vor der gemeinsamen Verantwortung.

Ich bin der festen Überzeugung, dass diese Ausnahmesituation eine Beziehung entweder zerbrechen lässt oder sie zusammenschweißt. Den Mittelweg, „wie wenn nie etwas gewesen wäre", gibt es nicht. Es liegt an Ihnen als Eltern und Partner, dies gemeinsam durchzustehen.

Liebe Väter, Ihr Beitrag ist unbezahlbar. Ihr Beitrag zum Verständnis, zur Unterstützung, zum Teilen der Sorgen, des Leids, der Entscheidungen, die auf Sie zukommen werden. Ihre Hilfe in einer Zeit, in der Sie selbst in jeder Hinsicht zu kurz kommen, weil sich die Aufmerksamkeit auf Ihr Kind und auf die Mutter Ihres Kindes konzentriert. Aber es ist Ihr gemeinsames Kind, Ihre gemeinsame Freude, Ihr gemeinsames Leid und Ihre gemeinsame Verantwortung. Und auch wenn es ein alter, abgegriffener Satz ist, aber: Leid IST teilbar.

Liebe Eltern eines zu früh geborenen Kindes!

Ihr Kind ist gerade viel zu früh auf die Welt gekommen oder musste auf die Welt gebracht werden, weil es im Mutterleib wahrscheinlich keine Überlebenschancen mehr gehabt hätte. Es wiegt vielleicht nicht einmal ein Kilogramm. Sein Körper ist so winzig, dass Sie ihn mit Ihrer Hand beinahe ganz abdecken können. Die Haut schimmert so durchsichtig, dass Sie sie kaum zu berühren wagen.

Ihr Baby liegt auf der Neugeborenen-Intensivstation, der Neonatologie, wahrscheinlich in einem Inkubator oder Brutkasten, wahrscheinlich intubiert, also künstlich beatmet. Seine Lebensfunktionen werden ununterbrochen von diversen Messgeräten überwacht, insbesondere der Sauerstoffgehalt seines Blutes. Liegen die Ergebnisse dieser Messungen außerhalb des vorgegebenen Grenzbereichs, schrillt „Ihr“ Alarm. Wenn dieser gerade nicht schrillt, tut es bestimmt der eines benachbarten Inkubators. Ihr Baby wird von Schwestern, Pflegern und Ärzten rund um die Uhr betreut. Je nachdem wie „modern“ das Spital ist, in dem Ihr Kind liegt, und wie gut es ihm gerade geht, werden Sie mehr oder weniger in den Alltag Ihres Kindes einbezogen bzw. können mehr oder weniger aktiv daran teilhaben, können es berühren, streicheln, pflegen, es baden oder sogar mit ihm „kuscheln".

Sie haben Ihrem Kind vielleicht und hoffentlich schon einen Namen gegeben, denn es ist auf der Welt. Es ist geboren worden. Es ist Ihr Kind. Sie sind Mutter bzw. Vater, auch wenn Sie damit noch nicht so bald gerechnet haben. Was kommt noch alles auf Sie zu? Keiner wird Ihnen konkrete Antworten geben können, außer, dass Ihnen eine lange, strapaziöse, mühe- und qualvolle Zeit bevorsteht. Sie werden nicht mehr wissen, wie Sie das Wort „Geduld" schreiben sollen. Sie werden mit sich, Ihrem Schicksal und dem lieben Gott hadern. Sie werden sich fragen, wie Sie das verdient haben und ob das Leben gerecht ist. Sie werden in Ihrer Partnerschaft zu kämpfen haben. Sie werden sich einsam fühlen, lustlos und krank, auch wenn Sie nicht krank sind. Sie werden aufgeben wollen und sich fragen, warum und wie lange noch. Aber: Sie werden auch wundervolle Minuten und Stunden mit Ihrem Kind verbringen, wenn Sie es das erste Mal berühren, das erste Mal „kangoroon", wenn Sie es also mit all seinen Schläuchen auf sich liegen haben und mit ihm kuscheln können, wenn es Sie das erste Mal anblinzelt und beginnt, auf Sie zu reagieren. Unbezahlbare Momente. Genießen Sie sie.

Jetzt! Gleich!

Denn es kann Ihnen niemand sagen, ob Sie diese oder ähnliche Glücksmomente nochmals erleben werden können. Das einzige, was in dieser Situation fest steht, ist, dass es keine Prognose gibt. Jeder Tag ist ein neuer Tag, jede Stunde kann eine Veränderung bringen. Wenn „carpe diem!" bisher eine leere Floskel für Sie war, das ist die Gelegenheit, sie mit Leben zu erfüllen.

Wenn Sie schon mitten in diesem Prozess sind: Es gibt Kinder, die noch viel mehr durchmachen, ob Sie es glauben oder nicht, und obwohl es das für Sie nicht besser macht, so zeigt es Ihnen doch, dass Sie nicht die Ersten und Einzigen sind, die dies alles erleiden müssen. Alles ist relativ. Sie sind selbst gefordert, dies zu bewältigen, auch wenn Sie es nicht alleine bewältigen müssen: ein großer und wesentlicher Unterschied. Bei aller Hilfe, sei es von Ihrer Familie, guten Freunden oder Profis, die Sie annehmen können, die Sie manchmal auch einfordern oder zulassen müssen, kann Ihnen niemand abnehmen, dass Sie die Situation für sich und mit sich selbst verarbeiten. Sie werden lernen müssen, dass Sie Ihr Kind über alles lieben können und dabei trotzdem noch ein eigenes Leben, eine Familie, eine Beziehung haben und haben wollen.

Sie wundern sich, dass ich immer wieder das Wort „Situation" verwende. Es ist für mich der Überbegriff für viele Themen, mit denen ich mich auseinandersetzen muss: die Diagnosen, die medizinischen Fachbegriffe, die Frühgeburtlichkeit, die vielen Krankheiten meiner Tochter, schließlich der Tod, der Umgang damit, der Neuanfang. Fast jeden Tag kommt etwas Neues dazu, was meine Flexibilität, mein Umdenken und immer wieder neue Motivation erfordert. Bindeglied zwischen all diesen Themen ist die Hoffnung, dass all dies einen Sinn hat. Die Hoffnung, dass es ein gutes Ende nehmen wird, wie immer Sie ein „gutes Ende" definieren möchten.

Blicke der Welt ins Auge und
der Tatsache ins Gesicht.

Tagebuch

Alles ist relativ

540 Gramm sind …

… so viel wie ein halber Laib Brot.

… zwei Dosen Coca Cola.

… eine Handvoll Mensch.

… eine große Aufgabe.

… eine möglicherweise langfristige Belastung.

… eine unglaubliche Portion Liebe.

… in jedem Fall eine Veränderung des Lebens, meines Lebens, unseres Lebens.

Nennen wir die Dinge beim Namen, die schönen, die schwierigen, die, die wir nicht einmal zu denken wagen, weil sie uns unmenschlich vorkommen. Nennen wir sie beim Namen, weil sie Realität sind. Versuchen wir wenigstens, sie beim Namen zu nennen, die Gefühle, die wir kaum benennen können, weil uns die passenden Worte fehlen, sie richtig auszudrücken, die Gedanken, die uns schon bei ihrer Formulierung die Kehle zuschnüren und die Luft nehmen, weil sie uns mitten ins Herz treffen.

Wegschauen, Verdrängen ist in dieser Lebensphase kurzfristig oft einfacher und eine sehr verführerische Alternative. Auf Dauer ist dies aber weder möglich noch sinnvoll. Die Realität wird dadurch nicht schöner und auch nicht leichter zu ertragen. Der Schein trügt.

Wer das Licht bringt,
darf die Finsternis nicht scheuen.

Zu früh geboren

Seit wenigen Stunden bin ich Mutter einer Tochter. Vollkommen überrascht, natürlich nur was den Zeitpunkt angeht, nämlich fast vier Monate früher als erwartet. Natürlich hatte ich mich schon seit einigen Monaten mit dem Gedanken auseinandergesetzt, Mutter zu werden. Aber nun war es auf einmal – schon! – so weit.

Ich bin Mutter. Und eigentlich auch nicht. Meine Vorstellungen waren ganz anders gewesen. Nicht so sehr auf den Geburtsvorgang bezogen und den Geburtsschmerz, der vielen Müttern, deren Kinder mit einem Kaiserschnitt geboren werden, fehlt. Mir fehlt diesbezüglich natürlich auch der Vergleich. Aber auf das Mutterwerden sollte unmittelbar das Gefühl der Familie folgen. Ich sollte ein Baby bei mir haben, es in die Arme nehmen können, schlaflose Nächte haben, nicht nur aus Sorge, sondern weil es vielleicht Hunger hat. Aber bei uns kommt es anders: Wir verlassen das Spital so, wie wir gekommen waren. In Zweisamkeit, mit einem 540 Gramm schweren Kind, das auf der Intensivstation auf unsere Besuche wartet – oder vielleicht auch nicht. Was wissen wir schon, was in ihm vorgehen mag. Das Kinderzimmer zu Hause, das Gitterbett bleibt leer. Wir machen keine nächtlichen Spaziergänge, um unseren kleinen Zwerg zum Einschlafen zu bringen, haben keine Kuschelstunden mit ihm. Eigentlich ist fast alles wie bisher. Was noch auf uns zukommen wird, können wir noch gar nicht greifen: Die vielen Stunden auf der Neonatologie, die Sorgen um das Überleben und die möglichen Auswirkungen der Frühgeburtlichkeit auf das spätere Leben unserer Tochter, die vielen Gespräche mit den Ärzten, Schwestern und Pflegern, um ein wenig die medizinischen Zusammenhänge zu verstehen, das Eintauchen in eine vollkommen neue Welt und eine vollkommen neue Sprache.

Von einer Minute auf die andere hat sich ALLES relativiert: Der Beruf, die alltäglichen „Probleme“, das Leben an sich und seine Bedeutung. Wie selbstverständlich waren bisher unsere Gesundheit und die unserer älteren Tochter. Wie selbstverständlich bin ich jeden Morgen zum Joggen aufgestanden, habe mich in die Agenden meines Unternehmens gestürzt und versucht, meine Aufgaben möglichst gut zu erledigen. Das Leben hat es bisher sehr gut mit mir gemeint. Ich habe alles, was ich mir für ein erfülltes Leben gewünscht habe. Ich war und bin glücklich verheiratet. Mein Mann brachte eine Tochter mit in unsere Ehe, die inzwischen ein Teenager ist. Wir verstanden uns von Anfang an wie Freundinnen, was ich als großes Geschenk empfinde. Mein Berufsleben war immer spannend und abwechslungsreich. Im eigenen Unternehmen kann ich meinen Tatendrang ausleben und meine Energien voll einsetzen. Der Erfolg motiviert, es macht Spaß. Neue Projekte bringen mich regelmäßig an neue Orte und zu neuen Kulturen. Geschäftspartner werden oft zu guten Freunden. Zu unserem Freundeskreis zählen auch Künstler, Ärzte, Architekten, Menschen, mit ganz anderer Perspektive, die meinen Blickwinkel der Geschäftsfrau immer wieder in ein anderes Licht zu rücken vermögen. Die Erfüllung unseres Wunsches nach einem gemeinsamen Kind sollte dieses schon sehr schöne Leben nun noch abrunden.

Mit welcher Selbstverständlichkeit nehmen wir das alles „hin“, ohne weiter darüber nachzudenken. Mit welcher Selbstverständlichkeit gehen wir davon aus, dass unser Kind planmäßig und gesund auf die Welt kommen wird. Warum auch nicht? Ich habe eine wunderbare Schwangerschaft. Anabel ist geplant, gewünscht und erhofft. Dass es so schnell klappen würde, haben wir uns nie gedacht. Da wir nicht damit rechnen und durch die ganze Welt reisen, halte ich die anfängliche Übelkeit für eine Magenverstimmung. Nach drei

Wochen ist diese jedoch immer noch nicht besser, aber auch nicht schlimm genug, um einen Arzt aufzusuchen. Die Telefondiagnose ergibt zwei Möglichkeiten: Einen Besuch beim Tropeninstitut – vielleicht habe ich ja etwas Hartnäckiges, Exotisches aufgelesen – oder einen Schwangerschaftstest. Der nächste freie Termin beim Tropeninstitut wäre drei Wochen später, so entscheide ich mich vorerst für den Schwangerschaftstest. Weil ich das Ergebnis natürlich nicht erwarten kann, stehe ich um vier Uhr früh auf. Das Resultat ist mehr als eindeutig. Da „das nicht sein kann", nehme ich an, etwas falsch gemacht zu haben, gehe aber trotzdem am folgenden Tag zu meiner Gynäkologin … um diese, eine Stunde später, mit einem Mutter-Kind-Pass und der Gewissheit, dass ich im dritten Monat schwanger bin, wieder zu verlassen. Alles geht Schlag auf Schlag. Das erste Drittel der Schwangerschaft ist beinahe schon vorbei. Die heikle, kritische Phase hat unser Baby also schon überstanden, trotz aller Reisen und Strapazen. Offenbar ist es ein besonders „kräftiger" Spross. Mein Leben ist im Begriff, sich grundlegend zu verändern. Wie ich mich fühle? Überglücklich, aber zugegebenermaßen ein wenig im Schockzustand, habe ich mir doch über Wochen eingeredet, dass „dies" sicher nicht der Fall ist. Immerhin waren die sonst typischen Anzeichen, wie das Ausbleiben von Blutungen, ernstzunehmende Übelkeiten oder Heißhunger auf Essiggurken in Schokosoße, nicht vorhanden. Im Nachhinein betrachtet ist also schon der Anfang „anders". Natürlich muss ich meinen Mann gleich einweihen. Als werdender Vater ist er im siebenten Himmel, und wir beginnen, uns auf die verbleibenden sechs Monate einzustellen und unser „neues Leben" mit einem gemeinsamen Kind zu planen. Ohne „Nebenwirkungen" lebe ich mein Leben praktisch ohne Einschränkungen weiter. Ich habe nie geraucht, mein Alkoholkonsum war immer schon minimal und meine Ernährung kann wohl als „gesund" bezeichnet werden. Ich muss mich daher nicht umstellen. Meine Kleider passen mir weiterhin, und mein „Bauch“ entwickelt sich sehr langsam. Dies wird mir später noch sehr zu denken geben. Anlässlich einer Routineuntersuchung in der 26. Schwangerschaftswoche stellt sich heraus, dass das errechnete Gewicht unseres Babys, welches immer schon ein wenig klein gewesen war, nun doch unter den unteren Grenzwert gerutscht war. Aber wer hat erwartet, dass ich ein Fünf-Kilo-Kind auf die Welt bringen würde? Ich würde wohl eher als sportlich-schlanker Typ beschrieben werden. Eine Doppler-Untersuchung wird angeraten, der ich mich am nächsten Tag in der Erwartung unterziehe, dass der Befund auf „alles bestens“ lauten wird. Alles andere kommt nicht in Frage, da ja bislang auch alles so problemlos war. Es geht mir gut. Ich fühle mich wunderbar.

Mein subjektives Gefühl stellt sich als großer Irrtum heraus. Der Schein trügt. Die Untersuchung ergibt eine Unterversorgung des Babys. Die dringliche Empfehlung ist stationäre Aufnahme im Krankenhaus und einige Tage Ruhe. Und das, nachdem ich vor einigen Stunden noch vollkommen unbeschwert bei einem Geschäftsessen gesessen hatte. Ich verstehe die Welt nicht mehr. Das kann doch gar nicht sein. Wäre nicht das Ergebnis der Untersuchung, wäre ich nicht unter Protest des Instituts, das eigentlich keinen Termin frei gehabt hatte, schon heute gekommen, würde ich mich vollkommen unverändert fühlen. Eine weitere Woche wäre vergangen, bis es zur Untersuchung gekommen wäre. Das ist doch alles nicht möglich! Selbstverständlich hole ich eine zweite Meinung bei einem befreundeten Fachmann ein. Nach Durchsicht der Befunde ist sein Rat aber noch wesentlich eindringlicher, keine Zeit zu verlieren. Ich packe ein paar Sachen, um für ein bis zwei Tage im Krankenhaus gerüstet zu sein. Es ist Donnerstag Abend, am Montag bin ich sicher wieder im Büro.

Noch am selben Abend beginnt im Spital die „Routine". So wirkt es zumindest auf mich, was einen sehr beruhigenden Einfluss hat. Vielleicht sind es aber auch „die Hormone", die mir eine scheinbar „objektive Distanz" zu den Geschehnissen geben, einen sehr rationalen, klaren Kopf. Lungenreifung, für alle Fälle, Herztöne des Kindes messen, Wehenschreiber ... Aber ich bin doch erst in der 26. Woche! Was soll ich da mit einem Wehenschreiber? Tatsächlich, das Gerät stellt Wehen fest. Bin ich so ignorant, dass mir das nicht selbst aufgefallen ist? Was haben sie zu bedeuten? Wie müssen wir sie interpretieren? Will die junge Dame etwa schon heraus? Ist das ihre Art, uns mitzuteilen, dass sie nicht mehr mag, nicht mehr kann, nicht ausreichend versorgt wird, dass „irgendetwas" nicht in Ordnung ist?

Am Freitag ein „Aufklärungsgespräch", was alles sein könnte, eventuell und vielleicht. Mögliche Handlungsalternativen, mögliche Konsequenzen. Dazu kommen die unzählbar vielen Fragen, die ich mir selbst stelle: Warum? Warum Anabel? Wie wird das ausgehen? Wann wird es so weit sein? Gehe ich vielleicht – und hoffentlich – doch wieder so nach Hause, wie ich gekommen bin, schwanger, in der Erwartung, mein Baby in drei oder vier Monaten auf die Welt zu bringen? Du warst doch erst für Anfang Dezember geplant und erwartet. Geht es dir noch gut? Oder hast du schon „Schäden" erlitten durch die bestehende Unterversorgung, durch den täglichen Kampf um Nahrung?

Die Ärzte hoffen, dass die Bettruhe die Versorgung des Kindes wieder verbessert. Ein kleiner, sehr kleiner Hoffnungsschimmer. Zumindest versuchen sie auf diesem Weg, Tage oder vielleicht sogar eine oder zwei Wochen für dich „im Mutterleib" herauszuholen. Zugleich ergreifen sie alle Maßnahmen, um dich auf die Welt bringen zu können, wenn der

„richtige Zeitpunkt“ gekommen ist. Diesen würdest du bestimmen. Die Frage lautet nur mehr: Wann ist die Versorgung im Mutterleib schlechter als „heraußen“ im Brutkasten bzw. Inkubator auf der Neonatologie? Du, bzw. deine Herztöne, werden uns diesen Zeitpunkt andeuten. Eine neue Welt der Fachbegriffe und medizinischen Zusammenhänge beginnt sich mir durch einen winzigen Spalt zu zeigen. Bislang hat mich die Natur mit einem immer wunderbar funktionierenden Körper ausgestattet, auf den ich zwar relativ gut aufpasse, dem ich aber immer wieder auch einiges zugemutet habe. Er würde sich schon melden, wenn es ihm zuviel werden würde. Im Lauf der nächsten Wochen und Monate wird sich ein riesiges Scheunentor in die Welt der Medizin und des menschlichen Körpers, seines Aufbaus, seiner Funktionsweise und seiner Schwachstellen öffnen.

Die Nacht ist unruhig, voll der Sorgen über den Zustand unseres Babys. Wie lange leidest du schon? Wie lange musst du schon auf dein Recht auf Nahrung pochen? Wie lange musst du schon durch einen Schnorchel atmen, der beinahe vollkommen undurchlässig ist? Dazu kommen Vorwürfe an mich selbst. Habe ich mich zu wenig geschont? Zu wenig gegessen? Zu viel Sport betrieben? Waren es doch die vielen Reisen? War ich zu ignorant? Ich hätte doch merken müssen ... Hätte ich merken müssen? Habe ich Indikationen nicht wahr- und ernst genommen? Zwei schlaflose Nächte im Krankenhaus und viel Zeit, über zahllose Fragen nachzudenken und zu grübeln.

Die Zeit verfliegt, die Ereignisse beginnen sich zu überschlagen. Der Neonatologe erklärt mir, was möglicherweise sein könnte, sollte es zu einer Frühgeburt kommen: Frühgeborenen-Intensivstation, Brutkasten, „Schwachstellen“ eines Frühgeborenen. Es klingt wie graue Theorie. Alles scheint möglich, außer klaren Prognosen. Immer noch ist alles zwar begreifbar, aber doch ungreifbar. Dann das Gespräch mit dem Gynäkologen. Wenn die Geburt eingeleitet werden muss, wird zur Schonung des Kindes ein Kaiserschnitt gemacht. So rasch wie möglich, muss das Baby herausgeholt werden. Das Team der Neonatologie wird bereit sein und darauf warten, es in Empfang nehmen zu können, um ihm heraußen im Inkubator mehr zu bieten, als es in mir bekommen kann. Die Schilderung nehme ich ebenfalls noch als theoretisch auf und bin ob der Details gespannt, aber nicht nervös.

Am Samstag dann soll sich unser Leben grundlegend ändern. Wie, können wir noch gar nicht absehen. Erst in knapp drei Monaten werden wir dies besser beurteilen können, ein Resümee ziehen, zusammenfassen. Wieder einmal die Messung der Herztöne des Babys, und auf einmal der Fingerzeig: „Holt mich hier heraus!" Es ist so weit. Ich habe noch Zeit, meinen Mann anzurufen, der auch beim Kaiserschnitt dabei sein wird. Ich räume ihm eine sehr schnelle Dusche ein, will er rechtzeitig da sein.

Immer wieder überdenke ich die beiden Gespräche, das mit dem Neonatologen und das mit dem Gynäkologen, verbildliche mir, was auf mich zukommen wird. Der „Kreuzstich", das Gefühl, ohne Schmerzen doch alles mitzubekommen und die „Manipulationen", wohl schmerzfrei, mitzuerleben. Im Nachhinein betrachtet, überrascht mich meine Ruhe. Selbst die Anästhesistin wird mir später bestätigen, dass mein Puls ungewöhnlich niedrig blieb. Die hat doch keine Ahnung! Mein Ruhepuls ist sonst unter 35. Seit vielen Jahren betreibe ich Ausdauersport, habe regelmäßig an Wettkämpfen teilgenommen – und heute laufe ich fast täglich zehn Kilometer. Mich überrascht es daher gar nicht. Alles ist relativ. Während der gesamten Operation bleibe ich vollkommen ruhig, wundere mich selbst darüber. Was sein muss, muss sein. Es gibt ohnehin keine Alternative oder keine, die ich beurteilen könnte. Ich schreibe es einer Sonderausstattung mit Hormonen zu, die jeden Anflug von Nervosität, Hysterie oder Verzweiflung unterdrücken. Und die zwanzig Minuten des „Herumwerkens" an und in meinem Unterleib werde ich auch noch durchstehen. Ich habe vollstes Vertrauen in die Ärzte, dass sie den „richtigen" Zeitpunkt festgestellt und alles gut vorbereitet haben. Was kann ich sonst in meiner medizinischen Ahnungslosigkeit tun, als mich zu vergewissern, dass es die richtigen Fachleute sind? „Mitreden" kann ich ohnehin nicht, maximal kritisch hinterfragen, da mir die Fachkenntnisse fehlen. Wer hatte schon damit gerechnet und rechnen können? Oder hätte ich doch …?

Keine fünf Minuten nach dem Kaiserschnitt ist unsere kleine Anabel auf der Welt. Ich werde noch 25 Minuten lang „bearbeitet und wieder zugenäht". Nach einer Stunde, in der ich mich im Aufwachraum „erholen" kann, werde ich mit meinem Bett direkt zum Inkubator geschoben und kann den ersten Blick auf meine 540 Gramm leichte Tochter werfen. Du bist großartig. Der Augenblick ist umwerfend. Ich bin Mutter! In der Sekunde fühle ich mich zu dir hingezogen, kein Zaudern, kein Abwarten, kein „Aneinander-Gewöhnen-Müssen". Sozusagen „Liebe auf den ersten Blick". Du bist so winzig. Heute noch, wenn ich das Photo betrachte, auf dem meine Hand dich zur Gänze abdeckt, bin ich von deiner Kleinheit beeindruckt, zumal ich heute weiß, welche Größe du in deiner Wirkung entfaltet hast. Schon in den ersten Minuten ist dein Lebenswille zu spüren, deine Ausstrahlung. Ich bin fassungslos.

Was dieses geringe Geburtsgewicht bedeutet, ist mir noch gar nicht klar. Erst im Laufe der Zeit, als ich mich in das Thema einlese, stelle ich fest, dass du mit deinem „Fliegengewicht“ rein statistisch zu den 0,5–1 Prozent der extremen Frühgeburten zählst. Weiterhin ohne Prognosen, keine positiven, keine negativen, keine Wahrscheinlichkeiten. Alles ist möglich. Kein Trost! Keine Hilfestellung, keine Möglichkeit, Kräfte einzuteilen. Was dein geringes Gewicht für die Entwicklung deiner Krankengeschichte bedeutet, ist nicht abzusehen. Weder für mich noch für die Ärzte. Für dich spricht, dass du ein Mädchen bist und damit deutlich mehr Kampfgeist haben sollst. Das wäre sogar statistisch erwiesen. Außerdem war ich schon in der 26. Woche. Besser als in der 24. Und darüber hinaus hattest du infolge der Unterversorgung schon im Mutterleib zu kämpfen und damit eine gewisse „Vorbereitung“ auf schwierige Zeiten gehabt. Na ja, schön, aber doch ein wenig mager für überschwänglichen Optimismus. Gegen dich spricht, dass das Immunsystem erst in den letzten drei Schwangerschaftsmonaten gebildet wird, und damit bei dir stark unterentwickelt ist. Über die Entwicklung und Resistenz der übrigen Organe, insbesondere auch des Gehirns, kann mir niemand etwas sagen. Wir wissen nicht, ob du ein „normales“ Leben führen können wirst, ob du vielleicht jetzt schon Behinderungen hast, ob du motorisch gestört sein wirst, vielleicht blind, vielleicht geistig behindert. Die Ultraschalluntersuchungen geben ein viel zu ungenaues Bild, können keine klaren Antworten liefern. Außerdem will man dich schonen und nicht allzu viele Tests machen, zumal wir ohnehin keine Konsequenzen daraus ableiten könnten oder würden. Müssten wir jetzt schon annehmen, dass du schwer geistig behindert sein würdest, würden wir anders vorgehen? Würden wir dich sterben lassen, dich umbringen? – Natürlich nicht!

Uns quälen immer wieder die gleichen Grundsatzfragen: Wirst du überleben? Wenn du überlebst, wirst du die Beeinträchtigungen deiner Frühgeburtlichkeit und deines geringen Geburtsgewichtes wettmachen können? Würdest du vielleicht sogar ein ganz „normales“ Leben führen können? Oder überlebst du vielleicht gar nicht? Wir können nichts tun, als abwarten und uns in Geduld üben! Erst mit der Zeit, nach und nach werden wir manch eine Antwort bekommen. Nur die Hoffnung bleibt. Dieses Abwarten-Müssen, das Nichtwissen, was uns erwartet, was Anabel erwartet, wann wir wenigstens ein wenig mehr Gewissheit werden bekommen können, ist unerträglich, ist enorm belastend. Alles ist offen. Alle Möglichkeiten und Denkvarianten sind offen. Hilflosigkeit macht sich breit, Verzweiflung. Gefühle, die uns über die nächsten Wochen begleiten werden. Auch Schuldgefühle. Was habe ich falsch gemacht? War ich beim falschen Arzt gewesen? Hätte es mir früher auffallen müssen? Mein Bauch war ja wirklich nicht groß … Hätte ich die Hinweise erkennen müssen? Und erstmals das Bewusstsein, dass mir zwar viele Menschen, Psychologen, Freunde würden helfen können, dass ich letztendlich aber selbst für mich Antworten finden muss. Es war mir vorher nicht bewusst, wie viele Fragen man sich in einer Nacht stellen kann. Nagende und zehrende Fragen, die mir keiner beantworten kann.

Dabei muss ich zwischendurch auch über mich selbst lächeln, über mich selbst und meine Intuition. Dein Zimmer ist bereits fertig eingerichtet, wir haben sogar schon deinen Kinderwagen. Alle notwendigen Dokumente liegen zu Hause griffbereit vorbereitet und all das fast vier Monate vor deinem geplanten Geburtstermin. Frei nach dem Motto: Was erledigt ist, ist erledigt, und im neunten Monat schwanger macht das sicher keinen Spaß mehr. Dass mir diese Eingebung noch so gelegen kommen würde, hatte ich wirklich nicht gedacht.

Oder war das ein schlechtes Omen? „Man kauft doch keine Möbel, bevor das Kind da ist", hörte ich vor der Geburt öfters. Ich bin ein praktisch denkender Mensch. Selbst nach meinen Erfahrungen, würde ich es wieder tun.

Ich hadere mit dem Schicksal. Warum wir? Warum unser Kind? Heftige Diskussionen auch mit meinem Mann. Wir spielen sämtliche Denkvarianten durch. Und es gibt sehr viele Varianten, viele Fragen und viele Alternativen, glauben Sie mir. Nur eines gibt es nicht: klare Antworten. Als wir die Palette beinahe durchdiskutiert und beinahe alle „Was-wäre-wenn"-Fragen in Erwägung gezogen haben, reicht es mir. Ich bin nicht bereit, mir in jedem Detail die vielen möglichen Alternativen zu überlegen, mir auszumalen, welche Behinderungen du davontragen könntest, was uns noch alles bevorstehen könnte. Ich bin zwar ein Realist, aber diese Diskussion wird meine Situation nicht ändern und schon gar nicht verbessern. Ich würde dadurch auch keine klareren Antworten bekommen, ja bekommen können. Mit dem Schicksal zu hadern, kostet mich nur viel Energie, die ich für dich, Anabel, verwenden will.

Der Versuch, Antworten zu finden, stellt naturgemäß auch gegenseitige Vorwürfe in den Raum, teilweise ausgesprochen, teilweise aber auch – und das ist noch viel kritischer – implizit und nicht verbalisiert. Unsere Ehe wird erstmals auf die Probe gestellt. Ich mache einen Schritt zurück, um unsere Beziehung aus der Distanz zu betrachten. Wie habe ich in einem Managementseminar gehört? Man muss sich vom Stuhl erheben, um ihn verrücken zu können. Klang damals ziemlich nüchtern, in der Theorie schnell und einfach ausgesprochen. Ich bemühe mich um ein wenig Abstand, darum, die Emotion zumindest aus der Diskussion herauszulösen, bemühe mich auch, die Perspektive meines Mannes einzunehmen, versuche zu verstehen. Ich muss akzeptieren, dass jeder Mensch in solchen Grenzsituationen anders und unter dieser unermesslichen Anspannung mitunter heftiger reagiert als sonst. Wir erkennen, dass diese Ausnahmesituation für unser Leben eine Zäsur und für unsere Beziehung eine enorme Herausforderung darstellt. Sie lässt sie entweder zerbrechen oder sie schweißt uns zusammen. Den Mittelweg, „wie wenn nie etwas gewesen wäre", gibt es nicht.

Auch nicht im Zusammensein mit Freunden, Kollegen und Mitarbeitern. Wir machen uns das bewusst und sind bereit uns ihr zu stellen. Wir ziehen die Reißleine und beschließen, im gemeinsamen Interesse, die Diskussionen über die vielen Alternativen und möglichen Ursachen zu beenden, denn in einem Punkt sind wir uns immer einig: Was immer es auch gewesen sein mag, das zu deiner frühen Geburt geführt hat – würden wir es klären können oder auch nicht –, das Wichtigste ist, dass du es schaffst und gesund wirst. Und wir wollen alles dazu beitragen, was wir können.

Zum Glück haben wir gerade in diesen ersten Tagen einige wirklich gute Freunde, die uns Kraft und Optimismus, aber auch die Zeit schenken, uns auszusprechen und unsere Sorgen „abladen" zu können. Für die meisten ist dies wie für uns eine vollkommen neue Erfahrung. Die Frühgeburtlichkeit ist zwar bekannt, aber eigentlich ist sie kein Thema. Und dann gleich so hautnah. Wenn man das Thema kannte, dann nur von vereinzelten Photos oder Statistiken aus Zeitschriften, aber nie „zum Angreifen". Auf einmal tauchen Beispiele von heute Fünfzigjährigen auf, die frühgeboren, aber inzwischen Topmanager sind. Das gibt Hoffnung. Hoffnung, nicht nur auf deine Überlebenschancen, sondern auch Hoffnung, dass du ein „normales" Leben führen könntest. Hoffnung, dass du dich zu einem gesunden Menschen entwickeln könntest.

Warum solltest gerade du das nicht schaffen? Ich will und muss an die positive Variante denken. Du wirst gesund hier herauskommen! Wir werden viel zusammen lachen, in der herrlich warmen Sonne spazieren gehen, du wirst unsere Schubladen ausräumen wie viele andere Kinder, du wirst uns mit deinem ersten Wort überraschen und uns in deiner Pubertät mit deinen Liebesgeschichten auf Trab halten. Du wirst uns mit deinem Augenaufschlag um den kleinen Finger wickeln und mit deinem großen Charakter wahrscheinlich die Welt erschüttern. Ich versuche, mir die vielen schönen Momente so bildhaft und genau wie möglich vorzustellen, um mich dadurch zu motivieren und die Hoffnung nicht zu verlieren. Ich versuche, die warmen Sonnenstrahlen zu spüren, wenn wir gemeinsam am Strand spazieren gehen werden. Ich versuche, über die schlaflosen Nächte zu lächeln, wenn deine ersten Zähne dir keine Ruhe lassen und du mir durch dein Gequengel den Schlaf raubst. Ich versuche mir deinen Vater vorzustellen, der mit dir die Heimkehrzeiten verhandelt, der sich deinen ersten Freund ganz genau ansieht, und versuchen wird, ihn dir auszureden: Er ist deiner bestimmt nicht würdig. Typisch Vater. Was wir nicht alles gemeinsam erleben werden!

Ich bleibe eine Woche im Spital, bis die Nähte des Kaiserschnitts entfernt werden konnen. Die Narbe wird mich ein Leben lang an dich erinnern. Gut so! Nur wenige Stockwerke trennen uns voneinander, ich kann jederzeit zu dir, dich besuchen, versuchen, dir Kraft zu geben, und mir von dir Kraft holen. Aber die Nächte sind unerträglich lange. Die meisten Fragen bleiben unbeantwortet, viele davon werden noch lange, manche davon ewig unbeantwortet bleiben. Das große Unbekannte, das auf uns zukommt, bleibt. Ich hatte bisher keine Vorstellung, welche Sorgen ich mir um mein Kind machen würde, ja machen könnte. Zum einen ist es die Sorge um die Betreuung. Sicherlich unbegründet und trotzdem kaum steuerbar. Wird auch alles getan? Tue ich trotz meiner medizinischen Ahnungslosigkeit alles in meiner Macht stehende, um sicherzustellen, dass alles getan wird? Natürlich weiß mein Kopf, dass du in den besten Händen bist und die Ärzte alles tun, was in ihrer Macht steht, aber die Emotion bleibt davon unbeeindruckt. Dann ist da die Sorge um dein Überleben. Wirst du all das durchstehen? Wirst du lebendig aus dem Spital entlassen werden? Und wenn ja, wirst du je ganz gesund werden? Vor der Intensivstation ist eine Pinnwand mit einer Reihe von süßen Kinderphotos, Dankschreiben und Erinnerungen anderer Eltern an ihre Zeit auf der Neonatologie. All diese Photos zeigen Babys bei der Entlassung oder schon zu Hause. Was ist inzwischen wohl aus ihnen geworden? Leben sie noch? Leben sie ein „normales" oder zumindest ein lebenswertes Leben, wie auch immer man das definieren mag? Dazu kommen meine ganz egoistischen Sorgen, die Sorgen um meinen Beruf und meine eigene Karriere, um mein eigenes Leben, meine eigene Lebensqualität. In aller Naivität und bei allem Optimismus hatte mein Kinderwunsch und meine Lebensplanung selbstverständlich auf einem gesunden Kind aufgebaut, einem Kind, das nach ein paar Jahren in den Kindergarten, dann in die Schule gehen und nach der Matura in die Selbständigkeit entlassen werden würde. Wie soll ich selbst weitermachen? Wie lange wird der Prozess deiner Gesundung dauern? Was bedeutet dies für mein, für unser eigenes Leben? Wie wird sich unser Leben ändern, wenn du nicht gesund wirst, wenn du nicht selbständig lebensfähig bist? Darüber, wie es sich ändern könnte, wenn du nicht überlebst, möchte ich gar nicht nachdenken. Weiterhin gibt es keinerlei Prognosen.

Immer wieder stelle ich mir die gleichen Fragen, immer wieder plagen mich die Sorgen um dich. Dazu die Spitalsroutinen und die Nachwirkungen der Geburt. „Lagerkoller“, Frischluftmangel, die Gerüche der Desinfektionsmittel, die Geräusche der vielen Überwachungsgeräte, viele einsame, lange Stunden während der Nächte, die überhaupt kein Ende zu nehmen scheinen, viele Stunden an deinem Inkubator, während derer ich nachdenken und grübeln kann, während derer ich versuchen muss, die vielen Informationen, die auf mich einprasseln, zu ordnen und zu verarbeiten. Und immer wieder viele Fragen und wenige Antworten.

Inkubator, Tubus, Antibiotika, Ductus ... Deine Welt hier auf der Neonatologie ist eine eigene mit einer eigenen Sprache. Es soll für viele Wochen auch meine Welt werden. Ich muss mich mit dieser neuen Sprache anfreunden, denn nur, wenn ich verstehe, was mit dir, meinem Kind, los ist, kann ich damit umgehen. Nur dann sind die Stunden, während derer ich nicht bei dir bin, auszuhalten, weil ich zumindest ein wenig abschätzen kann, wie kritisch es gerade ist. Wenn ich schon selbst nicht vom Fach bin und mir nur mit meinem Menschenverstand ein Urteil bilden kann, will ich mir zumindest nie den Vorwurf machen müssen, mich nicht gekümmert zu haben, nicht dafür gesorgt zu haben, dass du in den wahrlich besten Händen bist. Nur im Gespräch mit den Ärzten, Schwestern und Pflegern, nur wenn ich sie beobachten kann, wie sie mit den Kindern und Geräten umgehen, wie sie mit dir umgehen, kann ich für mich zu einem Urteil kommen und diese Chance möchte ich nutzen. Sehr schnell erkenne ich die Schwestern, bei denen mit langjähriger Routine jeder Handgriff sitzt, aber auch jene, die neu sind auf der Station oder die gewisse Tätigkeiten nicht ganz so genau nehmen. Interessant ist auch die unterschiedliche emotionale Kompetenz der verschiedenen Ärzte, ihr Umgang mit dem kleinen Patienten und ihr Umgang mit uns Eltern. Da gibt es die, die sich primär an Zahlen und Werten orientieren, analysieren und daraus die Therapie entwickeln, und jene, die das Kind angreifen, aus kalten Füßen auf mögliche aufkeimende Infektionen schließen und die Befunde gar nicht abwarten müssen, um Bescheid zu wissen. Manche kommen auf uns Eltern zu, sobald wir auf die Station kommen, erklären bereitwillig, klären auf, informieren, lassen sich all unsere Fragen gefallen. Andere lassen sich bitten. Jeden Satz muss man ihnen entlocken. Informationen würden sie am liebsten in der für mich als Laien unverständlichen, kryptischen Sprache der Wissenschaft lassen. Auch hier will ich keine Wertung vornehmen.

Viele Wege führen zum Ziel. Nicht nur Ärzte, Schwestern und Pfleger haben unterschiedliche Stile und Ansätze, auch jedes Elternpaar reagiert anders, hat ein anderes Informationsbedürfnis, will anders behandelt werden, reagiert sehr individuell auf die permanente Anspannung. Auch wir müssen uns erst aneinander gewöhnen, lernen, wie wir miteinander umgehen müssen, zum Ausdruck bringen, welche Erwartungen und Bedürfnisse wir haben.

Meine Kenntnisse vom menschlichen Körper und von der Medizin hatten sich bisher auf die Bekämpfung von Erkältungen und ähnlichen Kleinigkeiten beschränkt. Der „Brutkasten“ hatte nur in meinem passiven Wortschatz Platz gehabt. Nun ist er Alltag. Gleiches gilt für den Tubus, das Beatmungsgerät, für Infant flow, Herzkatheter und ähnliches. Die Intensivstation verliert nach wenigen Minuten ihren „Schrecken“. Sie wird zum Bestandteil meines neuen Familienlebens, sozusagen zu meinem Kinderzimmer bzw. natürlich dem meiner Tochter. Das Klima dort macht mir zu Beginn am meisten zu schaffen. Mein Kreislauf hält der Wärme kaum stand. Aber die Schwestern sind immer gut vorbereitet, ein Stuhl und ein Glas Wasser immer griffbereit. Auch da bin ich wohl nicht die Erste! Trotzdem möchte ich jede Minute bei meinem Kind verbringen, bei dir, möchte dir das Gefühl geben, nicht allein zu sein, dich mit Kraft versorgen und mit Liebe. Im Hintergrund schwingt mein Realitätssinn mit: Wer weiß, wie viele gemeinsame Stunden uns geschenkt werden? Wer weiß, wie viele Stunden für dich hier bei uns auf Erden vorgesehen sind?

Je mehr ich von der Materie verstehe, desto weniger bedrohlich und erschreckend wirkt das Klingeln „unseres" Inkubators bzw. „unserer" Geräte. Nach wenigen Tagen kann ich „wichtige" von „weniger wichtigen" Alarmen unterscheiden und kritische von lebensbedrohenden. Am zweiten Tag werde ich in das Wickeln meines 500-Gramm-Kindes eingewiesen. Wenn ich heute zurückdenke, dass ich deine glasige Haut am ersten Tag nicht einmal zu berühren wagte! Was ich dabei als erstes lerne: Was immer du tust oder tun musst, mach es mit Überzeugung. Unsichere Eltern verunsichern auch ihr Kind. Unsichere Eltern fühlen sich „unangenehm" an. Ein fester Griff ist allemal angenehmer als ein zauderndes Anstupsen, auch wenn dein Arm kaum so dick ist wie mein eigener Finger, deine Beinchen noch so klein sind oder dein Finger kaum so lang ist wie eine halbe Stecknadel. Probieren Sie es an sich selbst aus. Und liebe Väter: Nehmen Sie sich ein Herz! Männerhände richten nicht mehr Schaden an als Frauenhände, oder lassen Sie es mich positiv formulieren: Was Frauenhände können, können Männerhände genauso gut. Liebe Mütter: Nehmen Sie es nicht persönlich, wenn Ihr Mann bzw. der Vater Ihres Kindes die Hemmschwelle nicht so schnell überwindet. Das hat nichts mit Liebe oder mangelnder Liebe zu tun. Der richtige Moment wird von selbst kommen. Abgelenkt von all den neuen Eindrücken und Informationen, und damit beschäftigt, dich zu pflegen, dir mit sanften Massagen ein wenig Körpergefühl zu vermitteln und dich meine Liebe auch wirklich spüren zu lassen, darf ich nicht verdrängen, dass wir hier auf einer Intensivstation sind, und eine Intensivstation ein Grenzbereich ist. Ich versuche, mir das immer wieder bewusst zu machen. Auch ich möchte nicht ins Bodenlose fallen, solltest du es nicht überleben. In gewisser Weise interpretiere ich die Zurückhaltung vieler Väter auf der Station, was den Kontakt bzw. Nicht-Kontakt zu ihren Kindern angeht, in diesem Sinne auch als Selbstschutz. Vollkommen verständlich und menschlich nachvollziehbar. Ich persönlich bin froh, dass ich es ganz intuitiv anders angehe und mich das keinerlei Überwindung kostet. Vom jahrelang ausgeübten Leistungssport bin ich gewohnt, mich zu motivieren, mich täglich aufs Neue vorzubereiten. Auch an den „schlechten" Tagen – und derer gibt es derzeit viele – möchte ich mit Kraft und Energie zu dir kommen und dich nicht mit meinen Problemen und meinen Sorgen zusätzlich belasten. Ich bin der Überzeugung, dass du genau spürst, wie es mir geht. Wenn es mit meiner Motivation, meiner positiven Einstellung auf einen guten Ausgang, mit meiner Hoffnung auf ein baldiges positives Ende einmal gar nicht klappt oder meine Energien nahezu aufgebraucht sind, lege ich eine Pause ein, komme nur kurz zu Besuch oder in mehreren Etappen. Eine Ärztin legt mir sogar nahe, einen Tag einmal gar nicht zu kommen und mich selbst zu regenerieren. Es fällt mir schwer, aber der darauf folgende Tag ist umso energiegeladener. Ich weiß, dass es derzeit keine Handlungsalternative gibt, darf nicht hadern, muss die Situation so akzeptieren, wie sie ist, muss versuchen, möglichst positiv mit ihr umzugehen. Ich will hier nichts verharmlosen. An manchen Tagen fällt das schwerer als an anderen. An manchen Tagen ist schon der Gedanke, auf diese Intensivstation gehen zu müssen, beinahe unerträglich, weil die schlechten Nachrichten überhand nehmen und scheinbar nicht mehr enden wollen. An manchen

Tage kann ich es gar nicht erwarten, auf die Station zu kommen, weil ich mit dir „kangoroon“ kann, weil ich dich berühren, dich spüren, dich ansehen kann, weil ich die Hoffnung habe, dass du mich anblinzeln könntest. An manchen Tagen muss ich auch einfach kommen, weil ich das Wegbleiben aus Sorge nicht ertragen kann. Die ersten drei Wochen vergehen wie im Flug. Alles ist neu. Es gibt viel zu lernen, die vielen neuen Begriffe muss ich erst einordnen, aber in Summe gibt es viele gute Nachrichten. Wie jedes Neugeborene verlierst du zu Beginn ein wenig Gewicht und holst dies nach ein paar Tagen wieder auf. Du wirst über die Magensonde und intravenös ernährt. Die typische Gelbsucht Neugeborener wird mit einer Bestrahlungstherapie behandelt. Nach der ersten Woche bist du sogar so „fit“, dass du extubiert werden kannst und nur noch per Infant flow mit Sauerstoff versorgt werden musst, um die richtige Sauerstoffsättigung im Blut zu gewährleisten. Das heißt, deine Lunge kann selbständig atmen. Es kommt mir wie ein kleines Wunder vor, dass dein winziger Körper überhaupt die Kraft aufbringen kann, deine Atmung aufrechtzuerhalten. Bis auf kleine Aussetzer, die anfangs „deine“ Schwester, später auch ich, durch Massage deines Brustkorbs in den Griff bekommt, machst du das großartig. Ein großer Schritt für deinen kleinen Körper.

Erstmals kann ich dich zum „Kangoroon“ herausbekommen. Nachdem ich es mir auf einem bequemen Stuhl neben deinem Inkubator „gemütlich“ gemacht habe, wirst du mitsamt deinen Schläuchen herausgehoben und auf mich drauf gelegt. Eine nicht ganz einfache Prozedur, die viel Geschicklichkeit seitens der Schwestern erfordert, dir dabei nicht einen deiner lebenswichtigen Zugänge zu „entreißen“. Kaum liegst du auf mir, wirst du mit einem kleinen Fell und vielen Tüchern abgedeckt, so dass du nicht zu sehr auskühlst. Mit einer meiner Handflächen kann ich deinen Rücken zur Gänze zudecken und dir dadurch meine Körperwärme weitergeben. Du bist so winzig, dass ich das Gefühl habe, dich allein durch das Auflegen meiner Hände schon zu erdrücken. Erstmals hast du nun „deine“ Welt des Inkubators verlassen. Obwohl ich dich vom ersten Tag an mit desinfizierten Händen durch die Klappen des Inkubators angreifen konnte, spüre ich dich erst jetzt so richtig. Ich bin im siebenten Himmel. Ich kann dich auf mir liegen haben, deinen Herzschlag spüren, deinen Atem. Hin und wieder scheinen deine kleinen Finger mich ein wenig zu zwicken oder deine kleinen Fingernägel mich ein wenig zu kratzen. Herrlich! Ein unbeschreibliches Gefühl. Auch du scheinst es zu genießen. Nach dem Stress des „Ortswechsels“ – du hast ja keine Ahnung, was mit dir passiert, wenn auf einmal die Klappe zu deinem Inkubator aufgeht, fremde Hände dich in die richtige Position für die „Übersiedlung“ bringen, an deinem Beatmungsschlauch gezogen wird, um ihn zu fixieren, bis du letztlich auf mir drauf liegst, meinen Herzschlag spürst, die Wärme meines Körpers aufnehmen kannst – beruhigt sich dein Herzschlag merklich, du brauchst viel weniger Sauerstoff, um die gleiche Sauerstoffsättigung im Blut zu erreichen, und scheinst vollkommen entspannt zu sein. Das sagen uns zumindest die Messgeräte. Es gibt sie offenbar wirklich, die Kraft der menschlichen Nähe, die Kraft der Berührung, des Hautkontakts. Auch mir tut es unglaublich gut, dich auf mir zu spüren, dich unter meinen Händen festhalten zu können, dich „drücken“ zu können. Deine weiche, warme Haut. Großartig. Ich kann mich abends gar nicht trennen von dir, kann den nächsten Tag und meine nächste „Kangoroo“-Sitzung mit dir kaum erwarten!

Was die Ärzte nur meinten mit Schwächen eines Frühgeborenen? Ist doch alles in Ordnung und halb so schlimm. Wann werden sie dich wohl entlassen? Würde ich mir wirklich zutrauen, dich mit 800 oder 1000 Gramm mit nach Hause zu nehmen, wenn du gesund bliebst?

Aber diese Frage stellt sich nicht, denn leider kommt es anders. Nach drei Wochen wird mein Mutterglück durch die Nachricht, dass du eine Infektion hast, ein wenig getrübt. Sie wird rechtzeitig erkannt und mit Antibiotika erfolgreich bekämpft. Eine zweite folgt kurz darauf. Auch diese haben die Ärzte gleich im Griff. Wir sind weiterhin voll der Hoffnung, dass die zahlreichen, „typischen" Begleiterscheinungen von Frühgeburten, die uns in unserem Erstgespräch angekündigt worden waren, bei dir nicht eintreffen. Dein Darm funktioniert überraschend gut, dein Herz ebenso, die Infektionen, die mangels Immunsystem kaum verhindert werden können, scheinen gut beherrschbar. Deine Blutwerte sind gut. Die Untersuchungen des Gehirns sind alle „unauffällig", und nach zwei Wochen kommt diesbezüglich das erste Aufatmen. Nun haben deine Gefäße im Gehirn eine gewisse Stärke, sodass die Wahrscheinlichkeit von Hirnblutungen deutlich abnimmt. Damit sind zwar Hirnschäden nicht ausgeschlossen, es ist auch noch nicht feststellbar, ob du vor deiner Geburt infolge der Mangelversorgung schon Behinderungen davongetragen hast oder ob du kleine Hirnblutungen hattest oder hast, die das Ultraschallgerät nicht darstellen kann, aber es könnte um dich auch schon viel schlimmer stehen. Doch dieser unerwartet gute Zustand währt nicht lange. Du bist inzwischen knapp vier Wochen alt. Wegen einiger Routineuntersuchungen können wir heute nicht „kangoroon". Ich spüre eine gewisse Unruhe, die sich in dir breit gemacht hat. Du bist „anders" als sonst, aber ich kann es nicht in Worte fassen. Rein intuitiv fühlst du dich „anders" an. Deine Atemaussetzer werden häufiger. Du scheinst nicht so entspannt zu sein, wie du schon warst. Dein Sauerstoffbedarf steigt. Noch sind keine klaren Diagnosen möglich. Wir müssen die Laborwerte abwarten. Nun, in deiner vierten Lebenswoche, scheint sich deine Welt ein wenig zu verdüstern.

Gleich nach deiner Geburt richtete ich eine eigene Telefonnummer ein, die nur der Intensivstation bekannt ist. So bin ich „für dich“ bzw. in deiner Angelegenheit immer erreichbar und kann mein eigenes Telefon doch auch abschalten, wenn ich für sonst niemanden erreichbar sein, einfach nur Ruhe haben möchte. Schon beim Einrichten dieser Telefonnummer hoffe ich, dass es nie läuten wird, denn das wären wohl schlechte Nachrichten. Aber nun, schon in deiner vierten Lebenswoche, ist es so weit. Mir wird angekündigt, dass du wieder intubiert werden musst. Deine Lunge schafft es nicht alleine. Die Anstrengung ist auf Dauer doch zu groß. Geschwächt von den kleinen Infektionen, reicht deine Kraft nicht aus. Die Sauerstoffsättigung in deinem Blut ist nicht ausreichend hoch. Für die Intubation musst du starke Beruhigungs- und Schmerzmittel bekommen. Diese wirken sich wiederum auf den Darm aus, der dadurch träge wird. Der Darm aber ist eines der heikelsten Organe von Frühgeborenen. Ein Teufelskreis wird in Gang gesetzt, für den es keine Alternative gibt, denn ohne die Intubation würdest du wohl ersticken. Ein großer Rückschritt, eine Riesenenttäuschung.

Warum es zu dieser Verschlechterung deines Zustandes kommt, bleibt unklar. Infektionszeichen sind zwar da, aber das war vorher auch schon der Fall. Vielleicht liegt es an deinem „Ductus“. Die Verbindung zwischen dem Blutkreislauf der Lunge und dem des übrigen Körpers sollte sich automatisch nach der Geburt schließen. Bei dir ist das nicht der Fall und die medikamentöse Behandlung hilft nicht. Mit einer Operation könnte diese Verbindung geschlossen werden. Eine Operation in der Nähe des Herzens. In deinem kleinen Körper. Ein unglaubliche Leistung, die die Chirurgen da vollbringen würden. Und die Anästhesisten. Aber warum schon wieder du? Machst du nicht schon genug mit? Hast du nicht mit dem reinen Überleben, dem Aufrechterhalten der grundlegenden Lebensfunktionen schon genug zu tun? Wird die Operation gelingen? Ist dieser Ductus überhaupt die eigentliche Ursache für deinen schlechten Zustand? Keiner kann es uns mit Bestimmtheit sagen. Keiner kann uns sagen, mit welchen weiteren Auswirkungen wir rechnen müssen, bzw. ob durch die Operation überhaupt Besserung eintreten oder ob sich dein Zustand sogar durch die Anstrengungen der Operation weiter verschlechtern wird, ob deine Gefäße die Druckumstellung überhaupt aushalten werden. Wir sind auf Vermutungen und Hoffnungen angewiesen. Wieder einmal. Während der vergangenen Wochen hier bei dir auf der Neonatologie habe ich mir fest vorgenommen, die Hoffnung nicht aufzugeben, sie nie aufzugeben, die Überzeugung nicht zu verlieren, dass du es schaffst, dass du gesund wirst. Aber ich kann einfach nicht mehr, habe nicht mehr die Kraft, mir vorzumachen, dass alles gut werden wird, habe nicht mehr die Kraft, mich davon zu überzeugen, dass das alles einen Sinn hat. Es ist nicht viel übrig, nur ein Quäntchen Hoffnung vielleicht, nicht einmal ein wirklicher Strohhalm, an dem ich mich festhalten und aufrichten könnte. Die Hoffnung. Sie stirbt angeblich zuletzt. Welch eine Redewendung. Oft so einfach und leichtfertig dahingesagt, ohne den Worten auf den Grund zu gehen.

Aber so leicht geben wir uns doch nicht geschlagen, Anabel! Wieder einmal müssen die wenigen positiven Anhaltspunkte, die uns geblieben sind, herhalten. Wieder einmal denke ich an die vielen Beispiele anderer Kinder, die zu früh geboren wurden, die diese Zeit gut überstanden haben und inzwischen „Bäume ausreißen und Berge versetzen“. Natürlich ist kein Fall wie der andere. Natürlich gibt es viele Beispiele, bei denen es „nicht gut“ ausgegangen ist. Wieder einmal stelle ich mir vor, wie ich in wenigen Jahren mit dir über sonnig warme Wiesen tollen und mit dir verstecken spielen werde, wie wir Ostereier suchen werden, wie du dich am ersten Schultag fühlen wirst, wie du in der Pubertät mit mir ringen wirst, um dich von mir loszueisen, wie ich mit dir diskutieren werde, wann du zu Hause sein musst, und mir Sorgen machen werde, dass du gut nach Hause kommst. Wie ich vielleicht mit dir über Figurprobleme und Schönheitsideale debattieren und mir dann hoffentlich immer noch denken werde, dass all das vollkommen irrelevant ist im Vergleich zu dem, was wir jetzt durchmachen.

Die Stunden scheinen stillzustehen. Wir sitzen in einem Nebel grauer Tristheit, gefangen und gefesselt von der Aussichtslosigkeit und Abhängigkeit. Der Abhängigkeit von anderen, von deinem Schicksal vielleicht, wenn es so etwas gibt, von Entscheidungen, die wir fällen müssen, ohne ihre Auswirkungen wirklich beurteilen zu können, gelähmt von der Sorge um dich. Soll ich der Operation zustimmen? Tue ich es nicht, stimme ich ihr nicht zu, und es geht dir nicht besser, bin ich schuld. Stimme ich ihr zu und sie geht schief, bin ich auch schuld. Welch „wunderbare" Situation. Aber habe ich denn überhaupt eine Wahl? Auch wenn ich mich fürs Nichtstun entscheide, bin ich schuld, wenn es schief geht.

In dieser grauen Nebelsuppe scheinst wieder einmal du deine Kräfte auszuspielen. Wie, weiß ich nicht. Das bleibt dein Geheimnis. Du veranlasst mich zum Schmunzeln: Ja, du hast Recht. Ich bin froh, dass du schon vom ersten Tag an Charakter gezeigt hast. Du wusstest offenbar von Beginn an, was du willst und dass du etwas ganz Besonderes bist. Wir werden auch diese Herausforderung gemeinsam meistern.

Die Operation soll am Mittwoch stattfinden. Ich komme früh ins Spital, um die notwendigen Papiere zu unterschreiben, aber es kommt wieder einmal alles anders. Über Nacht hast du eine schwere Sepsis entwickelt. Sie vergiftet, laienhaft ausgedrückt, deinen ganzen Körper. Unter diesen Umständen ist eine Operation ausgeschlossen, der Ductus das geringere Übel. Dein Kreislauf bricht zusammen, deine Nieren sind außer Funktion. In der Folge kannst du nichts ausscheiden. Dein Körper ist voller Ödeme. Die Gefahr für Gehirnblutungen ist groß. Nur mit einer Unzahl an Antibiotika und Kreislaufmedikamenten kannst du überhaupt am Leben erhalten werden. Durch die vielen Antibiotika steigt die Gefahr einer Pilzinfektion. Auch hierfür wird vorgebeugt. Eine ganze Batterie an Medikamenten tropft über diverse Zugänge in dich hinein. Aber jedes Mittel muss auch Nebenwirkungen haben. Was das langfristig bedeutet, ist nicht absehbar. Es bleibt viele Tage unklar, ob du diese Strapazen überhaupt überleben wirst. Es gibt kaum eine Stelle an deinem Körper, wo ich dich noch berühren kann. Dein Bauch ist teilweise so angeschwollen, dass ich ihn nicht berühren möchte, aus Angst, dir weh zu tun. Deine Arme und Beine sind fast permanent mit Messgeräten oder Zugängen „belegt“, selbst an deinem Kopf mussten sie schon Einstichstellen suchen. Deine Überlebenschancen sinken auf unter 30 Prozent. Erstmals fällt der Begriff der Nottaufe. In der Informationsbroschüre der Abteilung hatte ich schon davon gelesen, aber natürlich „rein theoretisch“.

Wir sind hilflos ob der Unfähigkeit, dir zu helfen. Wir können nur bei dir sein, dir beistehen. Uns bleibt allein unsere Überzeugung, dass das Ärzte- und Pflegeteam alles tut, was medizinisch möglich ist, um dich, deinen Kampfgeist und deinen Lebenswillen zu unterstützen. Nach so vielen schönen Kuschelstunden beim „Kangoroon“ soll es nun schon wieder vorbei sein? Das kann ja wohl nicht wahr sein. Warum schon wieder du?

Einige andere Kinder können inzwischen die Station verlassen und mit ihren Eltern und Geschwistern nach Hause gehen, können das richtige Familienleben erleben. Ich freue mich für sie. Wirklich. Aber du? Du fällst von einem Loch in das nächste, noch tiefere. Von Tag zu Tag wird es auch für mich schwieriger, wird es kräfteraubender, aussichtsloser. Ich muss mich täglich neu motivieren, möchte dir all meine Kraft übermitteln. Dabei kann ich nicht einmal beurteilen, ob all das überhaupt etwas bringt! Spürst du mich überhaupt noch? Spürst du mich, meine Anwesenheit, meine Wärme, meinen Herzschlag, wenn ich dich berühre, dich halte? Du bist so stark sediert, dass das alles wahrscheinlich an deiner Wahrnehmung vorbeigeht. Mir fehlt die „Rückmeldung" von dir, irgendein „Lebenszeichen" im wahrsten Sinne des Wortes. Auch als Motivation. Langsam glaube ich, an die Grenzen meiner eigenen Kräfte zu stoßen. Wie lange wird das noch andauern? Wie lange muss ich mir meine eigene Kraft noch einteilen?

Dein Kampfgeist ist der entscheidende Faktor geworden und natürlich will ich alles dazu tun, ihn, dich, in deinem Lebenskampf zu unterstützen. Aber alles, was mir bleibt, ist, durch die Luken des Inkubators die wenigen freien Stellen an deinem Körper zu berühren und einfach nur da zu sein. Ich fühle mich hilflos und nutzlos, kann nichts tun, außer hoffen, dass du meine Anwesenheit wenigstens spürst und ich dir meine Liebe vermitteln und dir Kraft geben kann, den Lebenskampf nicht aufzugeben.

Endlich, an Tag sechs dieser Sepsis, ein Lichtblick. Einige kleine Hinweise, dass du die Talsohle durchschritten haben dürftest und es wieder aufwärts gehen könnte. Ist es ein breites Tal, ein weiter Weg, bis es wieder aufwärts geht? Liegt dazwischen vielleicht noch ein Graben, noch eine Schlucht, in die du stürzen könntest? Wir sind bescheiden geworden in unseren Erwartungen. Gleichzeitig bin ich überrascht über den menschlichen Verdrängungsmechanismus. Nach sieben Wochen sind meine Sorgen immer noch oder wieder erträglich, viele Details sind aus meinem Bewusstsein verschwunden, fallen mir erst wieder ein, wenn ich ein paar Seiten in meinem Tagebuch zurückblättere, nachsehe, was da schon alles war in den letzten Wochen. Endlich kann ich aber auch unsere Freunde mit einer positiveren SMS über deinen Zustand informieren. Ein kleiner Kreis fiebert mit uns mit, hilft, hört zu, lenkt uns auch hin und wieder einfach nur ab, integriert uns in den „normalen" Alltag, der derzeit an uns vorbei geht, hat ein offenes Ohr und eine offene Türe für uns bereit. Vielbeschäftigte Manager nehmen sich spontan Zeit, bislang nur gute Bekannte zeigen sich von einer ganz neuen Seite, bislang lose Beziehungen entwickeln ungeahnte Tiefen. Sie sitzen fast wie wir auf Nadeln, warten auf Nachrichten von uns, von dir, leiden mit uns mit, fragen nach, wie es dir geht und ob sie irgendetwas für dich, für uns tun können, außer eine Kerze anzuzünden und an dich zu denken.

Die Talsohle scheint wirklich durchschritten zu sein. Ein winzig kleiner Hoffnungsschimmer keimt auf. Nur ein Ende deines Leidensweges ist nicht abzusehen. Kein positives Ende. Kein negatives. Inzwischen ist auch diese Alternative in die Nähe gerückt, hat das Stadium der grauen Theorie verlassen und „Formen" angenommen, ist zu einer Möglichkeit geworden, mit der wir uns konkreter auseinandersetzen müssen. Deine Situation scheint festgefahren zu sein.

Tue, was
dein Verstand,
deine Persönlichkeit und
deine Überzeugung
für richtig halten.

Der Alltag auf der Intensivstation wird für mich immer mehr zur Routine. Ich ertappe mich dabei, dass ich mich als „alter Hase“ oder schon beinahe als Inventar fühle und über die „neuen Eltern“ lächle, die ihr Baby bestaunen und dabei noch vollkommen unsicher das erste Mal in den Inkubator greifen. Für mich ist es zur Gewohnheit, zum fixen Bestandteil meines Lebens geworden. Beinahe schon Normalität. In gewisser Weise fühle ich mich abgebrüht. Kaum eine Nachricht kann mich mehr erschüttern. Ich habe gelernt, musste lernen, dass ich gegen manches nicht ankämpfen kann, dass ich gegen manches machtlos bin, dass ich manches einfach so akzeptieren muss, auch wenn ich den Sinn noch nicht verstehen kann, noch nicht verstehen kann, dass alles einen Sinn haben soll. Dabei wünsche ich mir, abgesehen von deiner Gesundheit, kaum etwas sehnlicher als einen Zeitpunkt: Wann kann ich mit einem Ende dieser Tortur rechnen? Wann kann ich dich endlich wirklich in den Arm nehmen, mit dir nach Hause fahren, dir zeigen, dass unsere Welt auch andere, sonnigere Seiten hat? Ich möchte meine Kräfte einteilen können, aber ich bekomme wieder einmal keine Antwort. Die Medizin lässt dies nicht zu. Jeder Mensch ist anders. Alles ist möglich. Auch über Langzeitperspektiven kann mir niemand eine Prognose geben. Keine positive, keine negative, keine Wahrscheinlichkeiten. Es als frustrierend zu bezeichnen, wäre eine Untertreibung.

Die Ruhe, die Verschnaufpause währt nicht lange. Gerade noch schienst du dich ein wenig von dieser Sepsis zu erholen, da trifft mich die nächste Hiobsbotschaft. Wieder eine Infektion. Woher kommen diese? Wird hier nicht vorsichtig, nicht sauber genug gearbeitet? Wird nicht alles dazu getan, dass du und dein Körper vor Infektionen geschützt werden? Ich kann es nicht beurteilen, muss mich wieder auf meine Eindrücke verlassen, dass alle notwendigen Vorkehrungen getroffen werden, dass dein Immunsystem, das ohnehin erst im Aufbau war, von den vergangenen Wochen stark beeinträchtigt und damit wenig resistent ist.

Ich kann die Nachricht, den Gedanken, dass nun die nächste Sepsis aufkeimt, fast nicht mehr ertragen. Was du in diesen wenigen Wochen schon alles aushalten musstest. Dein Körper, der eigentlich die Energien zum Wachsen verwenden sollte, ist einem permanenten Kampf gegen Aggressoren und um dein Leben ausgesetzt. Dazu muss er die vielen Einstiche ertragen für Medikamente, Bluttransfusionen, Nahrung, Blutabnahmen, die Lärmkulisse der vielen Alarme von deinen Messgeräten oder denen der Nachbarkinder. Nur wenige ruhige Momente sind dir gegönnt, wo niemand „etwas von dir will", wo du nicht angefasst wirst, wo wirklich Ruhe eintritt, auch akustisch. Wie empfindest du das alles? Natürlich fehlt dir der Vergleich mit dieser anderen, dieser „schöneren, ruhigeren, heilen" Welt. Aber trotzdem. Auch wenn du die Außenwelt noch nie erlebt hast, noch nie erlebt hast, wie angenehm es bei uns auf Erden auch sein kann, wird dein derzeitiges Leben nicht deinen Erwartungen, deinen Instinkten entsprechen.

Was geht in dir vor? Was ist mit deinen Emotionen? Die Säuglingsforschung weist nach, dass Babys den Geruch ihrer Mutter erkennen, ihre Stimme, ihren Herzschlag. Trifft das auch auf Frühgeborene zu? Kannst du meine Berührungen von denen der Schwestern unterscheiden? Wir sind einander selten so nahe, dass du meinen Puls wirklich spüren könntest. Die Berührungsflächen beschränken sich in der Regel auf Teile meiner Hand und kleine Teile deines Körpers. Meine Stimme wird vom Geräusch des Inkubators und des Beatmungsgerätes übertönt. Mein „Geruch" geht wohl in dem der Desinfektionsmittel unter. Spürst du, wie ich viele Stunden an deiner Seite sitze, dir beistehe oder es zumindest versuche, deine Händchen und Füßchen berühre, dich halte, streichle, wie ich versuche, all meine Energie in dich hineinfließen zu lassen? Was spürst du, wenn du wieder einmal sediert oder narkotisiert bist? Wie nimmst du mich oder deine Umgebung wahr? Siehst du den Sonnenstrahl, der durch das Fenster auf die Wand geworfen wird? Hörst du die Alarme all der Messgeräte, die um dich herum sind? Verstehst du schon, dass die lauten, hohen Töne keine guten Nachrichten sind? Spürst du die Wattestäbchen, mit denen wir dir ein Gefühl für deine Lippen, fürs Schlucken, für den Geschmack von Tee geben wollen? Hast du Schmerzen? Und wenn du entgegen allen Beteuerungen der Ärzte und Schwestern doch welche hättest: Wie könntest du sie denn zeigen? Wie kannst du deine Emotionen ausdrücken?

Du kannst kaum weinen, kannst weder schreien noch lachen, kannst den Ärger, die Verzweiflung, den Schmerz nicht aus dir herausbrüllen. Kein befreiender Schrei kann die Anspannung, die Verzweiflung in dir lösen. Ist es fair, was wir hier mit dir machen? Über einige Messparameter wie deine Herzfrequenz und die Sauerstoffsättigung deines Blutes scheinst du uns Hinweise auf deine Tagesverfassung zu geben und auf sich ankündigende Veränderungen. Naht vielleicht wieder eine Infektion? Du scheinst uns „mitteilen“ zu können, dass du dich noch weniger wohl fühlst als sonst. Zumindest glauben wir, das interpretieren zu können. Meistens kann ich aber nur, wie die Eltern „normal“ geborener Kinder auch, vermuten, was in dir vorgeht, so wie sie vermuten und interpretieren, dass ihren Kindern zu warm oder zu kalt ist, dass sie vielleicht Hunger haben. Deine Hungergefühle müssen sich der Spitalsroutine unterwerfen. In regelmäßigen Abständen bekommst du die festgelegte Kalorienanzahl. Schmecken, Riechen, Schlucken ist noch überhaupt kein Thema für dich. Natürlich hast du auch kein Zeitgefühl.

Aber wie sieht es um deine Erwartungen, deinen Instinkt aus? Erwarten wir nicht instinktiv warme Geborgenheit, weichen Körperkontakt, sattes Grün, hellen Sonnenschein, fröhliches Vogelgezwitscher? Das hier kannst du wohl kaum erwartet haben. Von Anfang an der Kampf um das nackte Überleben, um deine Grundversorgung schon im Mutterleib, nun das permanente Klingeln von Apparaten, die Geräusche des Inkubators, die ständigen Stiche für Blutabnahmen und Untersuchungen. Fast immer ist um dich herum Licht, künstliches Licht. Das Sonnenlicht hast du noch nie wirklich gesehen. Du hast noch nie die Sonnenstrahlen auf deiner Haut gespürt, noch nie den Wind in dein Gesicht wehen gefühlt, noch nie frisch geschnittenes Gras gerochen. Deine „Welt“ geht über deinen Inkubator nicht hinaus. Kurz waren die Ausflüge in die Außenwelt neben dem Inkubator beim „Kangoroon“. Du kennst nur den Geruch von Desinfektionsmitteln. Was geht dabei in dir vor? Bist du enttäuscht, vielleicht sogar verzweifelt? Reicht es dir schon? Willst du bald vielleicht einfach nicht mehr?

Ich könnte dich verstehen. Wie auch wir kannst du nicht abschätzen, wie lange du das noch ertragen musst, wie lange du deine Kräfte noch einteilen musst, bis das alles endlich überstanden ist. Können meine Berührungen, meine Liebe die vielen unangenehmen Berührungen bei Untersuchungen, die Spritzen und Blutabnahmen wettmachen? Gibt es etwas, wofür es sich aus deiner Sicht überhaupt zu Leben lohnt, oder hält dich nur mehr dein instinktiver Überlebenstrieb am Leben und Kämpfen? Wie gerne würde ich wissen, was du empfindest, würde dir deine Ängste nehmen wollen und deine Schmerzen, würde dir Hoffnung geben wollen und dir sagen, dass du bald gesund wirst. Die Medikamente scheinen zu wirken. Die Ärzte haben es wieder einmal geschafft, auf die richtigen „Pferde“ gesetzt und du hast ihre Hilfe angenommen, annehmen können. Entwarnung. Tiefes Durchatmen auf allen Seiten. Und auf einmal: Der Versuch, dich zu extubieren! Das wäre ein riesiger Schritt in die richtige Richtung. Die Schwestern strahlen über das ganze Gesicht in ihrer Vorfreude. Wer hätte das noch vor einigen Tagen gedacht oder überhaupt zu hoffen gewagt? Ein Tubuswechsel ist sowieso notwendig. Eine gute Gelegenheit, es zu probieren, zumal deine Werte sonst relativ stabil sind. Ich warte voll Spannung. Die Hoffnung ist groß, obwohl ich natürlich weiß, dass es nur ein Versuch ist. Nach etwa 30 Minuten darf ich zu dir. Du hast nur den Infant flow an, der dir Sauerstoff und eine Atemunterstützung gibt. Du atmest selbst. Was für ein Kraftakt für deinen kleinen Körper! Eine Stunde lang versuche ich, dir all meine Kraft zufließen zu lassen, dir gut zuzureden, dir den passenden Atemrhythmus zu geben, die notwendige Ruhe, um dir eine neuerliche Intubation zu ersparen. Du scheinst dich daran zu gewöhnen, selbst atmen zu müssen. Du scheinst auch ruhiger zu werden in deinen Atemzügen. Ich bitte die Ärzte, dir Zeit zu geben, dich daran zu gewöhnen. Aber die Blutgasanalyse ergibt, dass der CO_2 Gehalt in deinem Blut sehr hoch angestiegen ist. Du schaffst es offenbar nicht, den Gasaustausch selbständig aufrecht zu erhalten. Der Tubus muss wieder hinein. Der Versuch ist gescheitert, die Hoffnung verpufft. Ich bin vollkommen erschöpft, enttäuscht, verzweifelt. All meine Energien waren in dich hinein geflossen und konnten doch nichts bewirken. Wenn ich dir nur helfen könnte! Oder mit dir den Platz tauschen. Was soll das alles? Warum du? Wir müssen zurück zum Start, sie müssen dich neuerlich sedieren, sodass der Tubus wieder eingeführt werden kann.

Der Intubation folgt eine neuerliche Infektion. Diesmal eine Lungenentzündung mit einer kleinen Lungenblutung. Kein Tag vergeht ohne schlechte Nachrichten. Sie scheinen zum

Alltag zu werden, erschüttern nicht mehr so wie anfangs, weil auch die Erwartungen andere sind. Trockene Nüchternheit und spröder Realismus haben den Optimismus, die Zukunftspläne und -träume abgelöst. Ich komme nach Hause, bin vollkommen ausgelaugt, will mit niemandem sprechen, niemanden mit den schlechten Nachrichten belasten, will nur versuchen, das Kräftereservoir wenigstens einigermaßen frisch zu befüllen für den nächsten Tag. Die Ärzte wollen uns schon kaum mehr sprechen, weil sie uns derzeit gar nichts Gutes zu berichten haben. Die Telefonate mit der Station, um zu erfahren, wie es dir geht, bevor ich selbst ins Bett sinke, fallen immer kürzer aus. Der nächste Versuch, dich zu extubieren, ein ganz wesentlicher Schritt für deine weitere Entwicklung, für ein mögliches positives Ende, ist in weite Ferne gerückt. Je länger du künstlich mit Sauerstoff versorgt werden musst, desto schlechter stehen deine Chancen, ohne Behinderungen davonzukommen. Es ist trostlos. Auch das ist ein erstaunliches Wort. Trost-los. Beinahe so wie Unglück. Un-Glück.

Wieder beeindruckst du uns mit deinem Kampfgeist. Die Lungenentzündung klingt ab. Es wird nun Zeit, die Operation des Ductus nachzuholen. Die Ärzte wollen die Gunst der Stunde nutzen. Wir haben große Hoffnung, dass die dadurch verbesserte Sauerstoffversorgung deiner Organe endlich einen Fortschritt bringt. Vielleicht ist dieser oft diskutierte offene Ductus wirklich das Grundübel. Ein wenig bin ich erleichtert. Endlich können wir wieder etwas tun. In den letzten Tagen waren wir einzig und allein auf deinen Lebenswillen angewiesen, zur Untätigkeit verurteilt. Uns waren die Hände gebunden. Wir konnten nur abwarten. Trotzdem mache ich mir natürlich auch Sorgen, denn die Risiken der Operation sind nicht unbeträchtlich. Dein Körper ist sehr geschwächt von den vielen Infektionen. Du hattest ja kaum Zeit, dich dazwischen zu regenerieren. Du bist voll gepumpt mit Beruhigungs- und Schmerzmitteln. Wie wirkt sich das auf die Anästhesie aus? Wie sehr wird dich die Übersiedlung in den Operationssaal belasten? Hast du die Kraft, die Operation durchzustehen? Halten deine Gefäße den plötzlichen Druckanstieg aus? Deine Stimmbänder könnten verletzt und du dadurch ein Leben lang heiser sein, aber das ist nun wirklich meine geringste Sorge derzeit.

Montag, 9.00 Uhr. Das Gespräch mit dem Kinderchirurgen und der Anästhesistin. Beide haben einen hervorragenden Ruf. Lange musste ich darum kämpfen, genau diese Ärzte zu bekommen. Ich will ganz sicher gehen, dass die besten Fachleute dich behandeln. Sie erklären mir genau, wie die Operation ablaufen wird und welche Risiken damit verbunden sind. Die Schwestern haben dich schon auf die Operation vorbereitet. Ich kann bei dir sein und dir Mut zusprechen, bis es so weit ist. Wir warten vor der Station auf Nachricht. Sprachlos, gespannt, hoffnungsvoll, aber auch besorgt. Werden wir dich lebend wiedersehen? Um 16.00 Uhr erfahren wir, dass du die Operation gut überstanden hast. Ich bewundere dich unendlich!

Mit ein wenig Abstand zu mir selbst muss ich wieder einmal über die menschliche Psyche lächeln, die mir gerade einen Streich spielt. Mein Kopf weiß, dass es dir gut geht, hat die Nachricht gehört, verstanden, begreift die Worte und deren Inhalt. Und trotzdem muss ich dich einfach nochmals sehen, nicht nur begreifen, sondern dich angreifen, bevor ich nach Hause gehe, obwohl du in Vollnarkose bist und mich nicht spüren wirst. Ein Blick, ein paar Minuten bei dir stehen. Es ist schon merkwürdig, was mit uns in solchen Situationen passiert. Das Ärgste scheint geschafft und trotzdem bleibt ein mulmiges Gefühl.

Mein Alltag, mein Leben außerhalb der Intensivstation läuft inzwischen beinahe so weiter wie sonst auch, allerdings mechanisch möchte ich beinahe sagen, routiniert, unspektakulär. Zeitlich geschieht alles in enger Abstimmung mit dem Rhythmus der Spitalsroutinen oder anstehender Untersuchungen und den mit Spannung erwarteten Ergebnissen. Die emotionale Wirkung dieser Ergebnisse auf meine Tagesverfassung und meinen Gemütszustand ist enorm. Die Routine des Büros schafft eine gewisse Konstante, einen Kontrapunkt zur emotionalen Achterbahn in deiner Welt.

Dienstag. Ich fliege für einen halben Tag nach London für ein paar Geschäftstermine und einen Ortswechsel. Ein wenig Abstand tut mir vielleicht gut. Die letzten Wochen haben sehr stark an mir gezehrt, vor allem die letzten Tage. Vor dem Abflug um 7.00 Uhr rufe ich noch im Spital an. Keine guten Nachrichten. Ganz im Gegenteil. Es geht dir wieder schlechter. Soll ich überhaupt fliegen? Die Ratio überstimmt mein Bauchgefühl. In ein paar Stunden bin ich ja wieder da. Ich kann ohnehin nichts beitragen, außer neben dir zu sitzen. Infolge der Operation bist du immer noch stark sediert und würdest mich wahrscheinlich nicht einmal wahrnehmen. Es kommt wie es kommen muss. Ich hätte meinem Gefühl folgen sollen. Es wird der schlimmste Flug meines Lebens. Ich werde die Sorge um dich nicht los, bin nicht erreichbar, kann nicht jederzeit zu dir fahren. Bin ein paar tausend Kilometer entfernt. Ich möchte am liebsten während des Fluges aussteigen. Soll ich mit der nächsten Maschine gleich wieder zurück? Kaum angekommen, buche ich auf die Mittagsmaschine um, absolviere meine Termine. Am späten Vormittag erreichen mich weitere schlechte Nachrichten. Im Taxi auf dem Weg zum Flughafen bleibt nur noch die Hoffnung, dass du es wenigstens bis zu meiner Rückkehr am Abend (auch noch eine Stunde Zeitverschiebung!) schaffen und durchhalten wirst.

Allein der Gedanke, dich nicht mehr lebend zu sehen, nicht bei dir sein zu können, wenn du gehst, dir nicht beistehen zu können, bricht mir das Herz. Hoffentlich bin ich rechtzeitig zurück. Bitte! Wer auch immer das alles in der Hand haben mag. Bitte mach, dass ich es schaffe! Bitte lass zu, dass ich es schaffe! Endlich gelandet. Kaum aus dem Flugzeug, rufe ich an. Du lebst noch! Zum Glück ist wenig Verkehr. Ich fahre direkt zu dir, um mir selbst ein Bild zu machen. Dein Kreislauf ist wieder eingebrochen, dazu eine Darmblutung. Dein Bauch ist wieder stark angeschwollen und sieht inzwischen aus wie ein voll angefüllter Luftballon. Bei aller Liebe, aber du siehst erschreckend aus. Und trotzdem fühle ich mich ein wenig erleichtert. Ich habe es rechtzeitig geschafft. Du lebst. Ich kann dich berühren, dich anschauen, wie du so daliegst und das alles über dich ergehen lässt. Du bist so tapfer und eine so unglaubliche Kämpferin.

Mittwoch. Früher als sonst fahre ich zu dir. Der Anruf auf der Station allein ist mir nicht genug. Ich muss dich sehen, dich berühren. Dein Zustand ist gleich schlecht wie am Vorabend. Zu Mittag muss ich hinaus, einfach nur weg, flüchten, wohin auch immer. Ich halte es nicht mehr aus, kann es nicht mehr ertragen. Es – die Hoffnungslosigkeit, die Aussichtslosigkeit, die Untätigkeit. Ich muss meine Ventile öffnen, meine Verzweiflung loswerden. Ich möchte nicht, dass du sie spürst. Zu Hause falle ich in mein Bett und kann die Tränen nicht mehr halten. Ich kann die Welt und dein Schicksal einfach nicht verstehen, nicht mehr aushalten, habe keine Kraft mehr, mich dagegen zu stemmen. Warum du? Du kämpfst so tapfer Stunde um Stunde, Tag um Tag. Aber all deine Mühe, deine Anstrengung scheint wirkungslos.

Wenn Liebe nur heilen könnte!

„Je tiefer sich das Leid in euer Sein eingräbt, desto mehr Freude könnt ihr fassen", schreibt Khalil Gibran. Freude – Leid, Liebe – Trauer, Tag – Nacht, Licht – Schatten, Lachen – Weinen. Ungleiche Paare, wo das eine nicht ohne das andere sein kann, wo wir das eine nur schätzen, weil wir auch das andere kennen. Ich habe in den vergangenen Wochen viel geweint, aber, und das mag ob der Umstände ein wenig merkwürdig anmuten, auch gelacht. Ein Widerspruch? Wie kann man auf einer Intensivstation, einem Grenzbereich zwischen Leben und Tod, in dieser Situation, in der man nicht weiß, ob die nächste Stunde nicht den Tod bringt, bei all den Sorgen auch noch lachen? Alles ist relativ. So auch die Gründe, die uns ein Lächeln oder Lachen entlocken. Wir lachen über die Ungeschicklichkeit von uns Eltern im Umgang mit den Geräten, die eher an die Puppenabteilung erinnern. Wir lachen über gute Nachrichten, dass die Werte von Infektionen wieder rückläufig sind. Wir lachen über Frühchen, die gesund die Abteilung verlassen können, um sich in der Außenwelt zu behaupten. Nach vielen Wochen lachen wir zugegebenermaßen auch ein wenig über die „Neuankömmlinge", für die, wie für uns noch vor einigen Wochen, alles neu, alles klein, alles unglaublich überwältigend ist. Würde Heulen etwa die Situation verbessern? Ich bin zwar weder Mediziner noch Chemiker, aber Tränen sollen tatsächlich chemische Substanzen enthalten, die befreien und Spannungen lösen können. So gesehen, „hilft" Heulen kurzfristig vielleicht wirklich. Ich verstehe erst im Nachhinein, wie befreiend es auch für andere sein kann, wenn „hier endlich einmal geheult" wird, wenn die Emotionen sichtbar, wenn sie geteilt werden, und damit zum Ausdruck kommt, dass man nicht allein ist in der Verzweiflung und der Aussichtlosigkeit und in der Sorge, ob man sein Kind noch einmal lebend sehen wird.

Donnerstag. Du scheinst es uns allen wieder einmal zeigen zu wollen. Zumindest ist dein Zustand stabil, zwar auf niedrigem Niveau, aber stabil. Das ist ja schon was! Dein Bauch ist immer noch aufgebläht, aber er scheint dich nicht zu beeinträchtigen. Acht Wochen sind nun vergangen. Die Zeit verfliegt. Seit acht Wochen gehe ich täglich ein und aus bei dir, finde den Weg zu dir wie im Schlaf, kenne den Bäcker im Eingangsbereich, der zu meiner Hauptnahrungsquelle geworden ist, und die Zeitungsverkäuferin schon persönlich, fühle mich hier schon fast wie zu Hause. Acht Wochen Intensivmedizin. Trotzdem ist dein Zustand beinahe hoffnungslos. Die Natur scheint es nicht gut mit dir zu meinen. Warum prüft sie dich so? Warum gibt sie dir einen solchen Lebenswillen, wenn sie umgekehrt alles dazu tut, dir die Kräfte zu rauben? Dein Bauch wird immer dicker und beginnt nun, der Lunge den Platz zum Atmen zu nehmen. Es muss etwas geschehen. Der Kinderchirurg wird gerufen. Nach einem Problem im Darm sieht es nicht aus. Wegen der Ödeme kann man aber schwer Genaues sagen. Es ist frustrierend. Agieren ist scheinbar nicht mehr möglich. Maßnahmen sind auf reines Reagieren reduziert. Er muss einen Schnitt in deine Bauchdecke machen. Durch den großen Druck fließt die aufgestaute Flüssigkeit von selbst heraus. Du hast jetzt zwar wieder Platz zum Atmen, aber die Ursache ist nicht gefunden. Wahrscheinlich ist es die Summe der Ereignisse der letzten Wochen, die deinen Körper ausgelaugt haben und ihm die Kraft nehmen, sich den Infektionen zu widersetzen.

Samstag. Du bist neun Wochen alt. In mir regt sich immer größerer Widerstand. Aus Angst vor weiteren schlechten Nachrichten rufe ich schon nicht mehr gerne auf der Station an. Und doch muss ich wissen, wie du die Nacht überstanden hast. Was ich zu hören bekomme, klingt SEHR schlecht, SEHR ernst. Ich ziehe mich rasch an. Kein Frühstück. Direkt zu dir. Warum? Warum du? Warum können sie dir nicht helfen? Hoffentlich hast du wirklich keine Schmerzen! Naht nun das Ende? Ich kann dich verstehen. Du magst einfach nicht mehr! Ich verstehe dich. Wirklich!

Ich bleibe den ganzen Tag bei dir, habe das Gefühl, dass ich dir so ein wenig helfen oder zumindest in deinem Kampf beistehen kann. Ich versuche, dir all meine Kraft zu übertragen. Kann ich dir vermitteln, dass ich dich verstehe, dass ich es auch verstehe, wenn du jetzt aufgeben möchtest?

Am Abend nimmt mich die Dienst habende Ärztin beiseite. Die Intensivmedizin ist wieder einmal an ihre Grenzen gelangt. Wie oft habe ich mich gefragt, ob du überhaupt sterben könntest, wenn du wolltest. Du wirst beatmet, du bekommst Medikamente für den Kreislauf, für die Nierenfunktion, fürs Herz ... du kannst doch gar nicht sterben, selbst wenn du es wolltest. Deine Organe können gar nicht aufhören zu arbeiten, arbeiten zu müssen. Heute bekomme ich die Antwort. Auch höhere Dosen an Medikamenten haben keinen Effekt mehr. Es gibt keine Hilfe mehr von außen, nichts, was für dich noch getan werden kann. Es liegt nun nicht mehr in unseren Händen.

Ich muss nach Hause, brauche einen Ortswechsel, möchte einfach nur weg. Ich bin vollkommen verzweifelt, habe so viele schöne Bilder in meinem Kopf, wie gerne ich mit dir die Sonne genossen hätte, dich lachen gehört hätte, dich auch weinen gehört hätte, mich über dich geärgert und gefreut hätte.

Zu Hause erwarten mich mein Mann, dein Vater, und seine erste Tochter Caroline. Sie ist gerade in dieser Zeit, die auch für sie sehr schwer ist, großartig. Deine große Schwester. Sie liebt dich, seit du auf der Welt bist, leidet mit uns, mit dir. Vom ersten Moment an, als sie dich berührte, scheint es eine ganz besondere Beziehung zwischen euch beiden zu geben. Die Unbekümmertheit, aber auch Selbstsicherheit, mit der ein Teenager mit dir umgeht, beeindruckt mich.

Es fällt mir nicht leicht, aber ich sage ihnen ganz direkt und in wenigen Worten, wie es um dich steht. Ich denke nicht lange über beschönigende Formulierungen nach. Auch schönere Worte machen die Inhalte nicht besser.

Es ist, wie es ist.

Alles, was der Bedingung
des Entstehens unterworfen ist,
ist auch der Bedingung
des Vergehens unterworfen.

Einige Minuten vergehen, bis die Nachricht einsickert. Noch ein Anruf beim Oberarzt. Gibt es Neuigkeiten? Ist es wirklich definitiv? Er glaubt nicht, dass du den Montag erleben wirst. Es bleibt die geringe Hoffnung auf ein Wunder, ein sehr unwahrscheinliches Wunder. Wir sitzen im Wohnzimmer, fassungslos, jede Menge Taschentücher, vollkommen absurd, warten auf den Anruf von der Intensivstation. Warten auf deinen Tod. Das kann ja wohl nicht wahr sein! Wir warten auf deinen Tod! Ein böser Traum. Kann nicht endlich der Wecker läuten und diesen Albtraum beenden?

Der Gedanke, nicht bei dir zu sein, wenn du uns verlässt, lässt mich nicht schlafen. Nur das Vertrauen, dass die Ärzte mich rechtzeitig anrufen, verhilft mir in diesen kritischen Stunden zu ein wenig Nachtruhe. Diese Nacht wird eine der schlimmsten überhaupt. Hoffentlich ruft uns die Station rechtzeitig an. Hoffentlich schaffen wir es dann noch. Hoffentlich ist kein Stau. Über welche Kleinigkeiten habe ich mir in meinem Leben schon Gedanken gemacht, über welche Nichtigkeiten habe ich mich schon geärgert. All das ist nun vollkommen unwesentlich geworden.

Ich muss dich noch lebend sehen. Ich muss einfach da sein, bei dir sein, dabei sein, wenn du uns verlässt. Ich kann dich nicht einfach so gehen lassen. Nur die Ratio hält mich im Bett. Ich muss ein wenig Schlaf bekommen. Es gelingt nicht: Ein zum Scheitern verurteilter Versuch.

Sonntag. Wieder fahre ich sofort zu dir. Seit sich dein Tod abzuzeichnen beginnt – die Intensivmedizin ist an ihre Grenzen gelangt, und mein Glaube an das große Wunder hält sich seinerseits in Grenzen –, möchte ich jede Minute, die mir mit dir hier bei uns auf Erden bleiben mag, bei dir verbringen. Wieder ist es meine Intuition, die mir in diesen Stunden und auf diesem Weg hilft, die mir den Mut gibt, zu dir zu kommen, mich deinem nahenden Tod zu stellen. Die bislang leere Worthülse der Sterbebegleitung bekommt eine vollkommen neue Bedeutung und Dimension.

Ich möchte jede Minute, die mir noch mit dir bleibt, auskosten, dich berühren, dich streicheln, dich liebkosen. Es sind unwiederbringliche Stunden, Minuten, Momente. Unwiederbringlich verrinnen sie. Selbst in dieser schweren Situation ist es großartig, ist es unfassbar und unbezahlbar, dich bei mir zu haben, dich zu halten. Diese vielen Stunden geben mir – und ich denke uns beiden – Gelegenheit, uns an den Gedanken vom Ende dieser kurzen, aber sehr intensiven gemeinsamen, irdischen Zeit zu gewöhnen. Sie geben uns die Gelegenheit, uns voneinander zu verabschieden. In diesen letzten gemeinsamen Stunden wird mir klar, dass diese Begleitung, dieses Zusammensein, dieses bewusste Verabschieden nicht nur dir, dem Kranken, dem Sterbenden gut tut. Sie ist auch für mich ein ganz wesentlicher Bestandteil der Bewältigung dieser Erfahrung, ein ganz wesentlicher Bestandteil der Bewältigung deines Todes, des Todes meines eigenen Kindes.

Da dein nahender Tod nun feststeht, ist für uns der Zeitpunkt deiner Taufe gekommen. Das Spital bietet uns an, einen Priester kommen zu lassen. Mein Mann und ich aber beschließen, die Taufe selbst vorzunehmen. Für mich sind solche Zeremonien etwas sehr Persönliches, Privates, das ich nur mit einer wirklichen Vertrauensperson und ungern mit dem „gerade verfügbaren" Priester vollziehen möchte. Das Taufwasser ist schon vorbereitet. Die Zeremonie können wir nach unseren individuellen Vorstellungen gestalten und dabei versuchen, dir und deinem Leben gerecht zu werden.

Als wir dich heute abermals für die Nacht im Spital zurücklassen, scheinst du dich im Gegensatz zu gestern fast ein wenig erholt zu haben, siehst besser aus. Ist vielleicht doch das kleine große Wunder geschehen? In diesen Stunden, in denen wir nicht bei dir sind, warten wir auf den Anruf des Spitals. Die Nacht ist fast nicht zu ertragen. Ich möchte bei dir sein, weiß aber, dass auch ich ein wenig Schlaf brauche. Die Vernunft hält mich im Bett, auch wenn ich kein Auge zumache. Ein klarer Gedanke ist fast nicht möglich. Die Versuche, zu Hause ein paar Minuten „Normalität" einkehren zu lassen, sind nur in sehr geringem Maße erfolgreich. Unsere Freunde trauen sich nicht mehr nachzufragen. Seit einigen Tagen herrscht auch meinerseits Funkstille. Was soll ich ihnen sagen? Die Sprachlosigkeit kennt fast keine Grenzen und ist beinahe ebenso unerträglich. Aber ich habe Verständnis. Man kann nicht trösten, denn es gibt keinen Trost.

Montag. Du siehst unverändert, aber doch besser aus als am Samstag. Kann denn das sein? Ich merke, wie du meine Anwesenheit spürst. Kann ich dir genügend Kraft und Energie geben, um auch dieses Tal zu bewältigen, den Gipfel neuerdings zu erklimmen? Die Ärzte geben dir alles, was sie können. Es liegt an dir. Bist du wirklich schmerzfrei? Die Ärzte bestätigen mir das. Kann ich es ihnen glauben? Du kannst dich ja nicht artikulieren, kannst keinen befreienden Schrei ausstoßen oder um dich schlagen, kannst nur deine Herzfrequenz verändern oder die Sauerstoffsättigung. Kein wirklicher Trost. Deine Nachbarn sind Zwillinge. Jeder von ihnen ist beinahe zwei Kilogramm schwer und gesund. Die Eltern sind beide bestürzt, dass einer der Zwillinge aus Hunger weint. Was hätte ich dafür gegeben, dich einmal weinen zu hören! Nur einmal! Wie beneide ich sie um ihre vergleichbar kleinen „Sorgen" und kehre zu meinen zurück. Meine Kräfte sind am Ende. Ich ernähre mich hauptsächlich von Schokolade und Honig, und alles, wonach ich mich sehne, ist ein kleiner Funken Hoffnung!

Ist der Tod für dich vielleicht der bessere Weg? Darf ich als deine Mutter überhaupt darüber nachdenken, ob nicht dein Tod das Bessere für dich wäre? Vielleicht sogar für uns? Was würde dir alles an Schmerzen, Therapien, weiteren Krankheiten erspart bleiben? Ich würde dich nie wieder sehen, dich nie wieder spüren, nie wieder deine kleine Hand halten können oder deine oft so kalten Füße. Das hast du von mir geerbt. Nie wieder deine süßen Augen sehen. Es bricht mir das Herz. Ich schäme mich, dass ich als deine Mutter diesen Gedanken hege, ihn ausspreche und sogar niederschreibe. Es gibt nichts zu beschönigen angesichts des Todes. Es ist die ehrliche, erlebte Realität.

Dienstag. Was für ein Tag, was für eine Nacht. Ich kann nicht schlafen, warte, dass das Telefon neben mir klingelt. Denke an dich. Wir stehen in der Früh wortlos auf, ziehen uns an, fahren zu dir. Es bedarf keiner Worte. Wir wissen beide, was zu tun ist. Unser Alltag existiert praktisch nicht mehr, ist vollkommen bedeutungslos geworden. Wir fahren gemeinsam ins Spital. Der erste Eindruck, als ich in deinen Inkubator schaue: Du siehst besser aus als am Samstag. Aber der oberflächliche Eindruck trügt. In dir tobt ein schwerer Kampf.

Die Schwester setzt sich über alle Ärzte hinweg und legt dich auf mich. Ich darf dich „kangoroon“, dich auf mir spüren, deine Wärme fühlen. Wir sollen die letzten Stunden zusammen, du auf mir und dann auf deinem Vater verbringen. Wenn ich bei dir bin, spüre ich, wie du mich und meine Energie und Kraft aufnehmen kannst. Auch wenn du im Tiefschlaf bist. Wie ich es spüre? Ich kann es nicht verbalisieren. Wenn ich bei dir bin, kann auch ich auftanken. Deine Hand, deine Haut, dein Gesichtsausdruck. Ich sauge dich in mir auf, wissend, dass diese Berührungen nicht mehr wiederkommen werden. Ich lege ein „Berührungs-Lager" an. Es muss ja für den Rest meines Lebens ausreichen!

Dich auf deinem Vater liegen zu sehen, ist für mich einer der schönsten Augenblicke in diesen schweren Stunden. Ihr seht so friedlich aus miteinander.

Der Fleck auf deiner Wange? Hast du dich gestoßen? Welch dumme Assoziation! Ist wohl schwer möglich in deinem Inkubator. Aber der blaue Fleck da? Das bevorstehende Ende zeigt sich nun auch optisch. Der erste Sterbefleck. Deine Haut wird nicht mehr gut durchblutet. Bittere Realität. Was die Ärzte uns gesagt haben, was wir seit Tagen wissen, sehen wir nun mit unseren eigenen Augen. Auf einmal werden die Worte, werden ihre Inhalte sichtbar. Die Stunden zerrinnen. Jeder von uns kann die Zeit nutzen, sich zu verabschieden. „Sterbebegleitung" war für mich bislang eine leere Worthülse. Nun bekommt sie einen Körper. Das Wort wird „mit Leben erfüllt". Was für eine Perversion in unserer Sprache!

Ich versuche, mich mit dem Tod auseinander zu setzen. Was kommt danach? Musst du zum „jüngsten" Gericht, Bilanz ziehen über dein kurzes Leben, und Rechenschaft abgeben? Wird „man" dich – wo auch immer – einlassen und aufnehmen? Kehrst du vielleicht sogar zurück? Gibt es die Wiedergeburt? Hattest du einen Auftrag? Konnten wir deine Nachricht nicht nur hören, sondern auch verstehen? Ich versuche Antworten, Begründungen und Lösungen zu finden, meine Gedanken zu ordnen. Ich muss dich nun bald gehen lassen in das große, dunkle Unbekannte. Wohin geht deine Reise? Was erwartet dich da?

Tränen laufen über mein Gesicht. Dabei soll ich dir doch Mut machen oder zumindest versuchen, dir die Angst zu nehmen, dir Kraft zu geben für deinen Rückweg. Ist es ein erlösender Rückweg? Oder ein Weg in eine ungewisse, unbekannte, beängstigende Zukunft? Ich möchte dir das Gefühl geben, dass du nicht allein bist und nie allein sein wirst. Du brauchst keine Angst zu haben. Hast du überhaupt Angst? Oder ist es nicht doch eine große Erleichterung für dich? Habe ich Erfolg? Kommt die Nachricht bei dir an? Ich werde es nie erfahren.

Auf einmal finde ich eine Lösung, meine persönliche, eigene, mentale Lösung. Dein Großvater ist ja schon da! Er erwartet dich, wird dich auf seinen Schoß, in seine Arme nehmen. Er wird auf dich aufpassen. Ich bin ein wenig erleichtert.

Die vielen Stunden des Kuschelns, des Nachdenkens, des Weinens – ein wichtiger Tag mit einer eigentlich großartigen Erfahrung, vielleicht der wichtigste. So schwer diese Stunden sind, ich habe das Gefühl, dass ich bald bereit sein werde, dich gehen zu lassen. Was für ein Gedanke! Was für eine Aussage von deiner Mutter! Aber das Gefühl ist da. Ich höre in mich hinein. Versuche, auch dich zu spüren. Auch du scheinst einen zufriedenen Eindruck zu machen. Ein merkwürdiges Wort, pervers in dieser Situation. Und doch drückt es das Gefühl aus, das ich von dir aufnehme. Ein unvorstellbarer, unfassbarer Eindruck.

Ich lasse die letzten Tage und Stunden Revue passieren. Zuerst die Mitteilung der Ärzte, dass dein Tod nunmehr unvermeidbar und in greifbare Nähe gerückt sei. Wenige Tage, vielleicht nur noch Stunden seien dir geblieben. Erklärungen zu medizinischen Zusammenhängen. Es sei ein Teufelskreis, kommunizierende Gefäße, ein Fass ohne Boden. Keine Medizin könne dir mehr helfen. Sachlich. Logisch. Meine erste Wahrnehmung: nüchtern. Ich nahm zur Kenntnis. Noch war die Information ungreifbar. Mein Intellekt schien zu begreifen, emotional musste sie erst weiter eindringen. Das Unbekannte machte Angst. Viele Sorgen und Tränen. Langsam begann ich Antworten auf die vielen Fragen zu finden, Antworten, die nur für mich Gültigkeit hatten. Sie kamen von selbst, entwickelten sich. Einfach so. Ich ließ geschehen, ließ zu, nahm mir Zeit, es geschehen und zuzulassen, während du auf mir liegen konntest, während ich deine Wärme auf mir spürte. Ob meine Antworten der Realität entsprechen, werde ich nie erfahren. Aber ich musste Antworten finden, meine persönlichen, eigenen Antworten und Lösungen. Erst dann würde ich loslassen können. Zum Glück hast du mir diese Zeit gegeben, die Tage, die Stunden, die Ruhe. Zum Glück habe ich sie mir intuitiv genommen, stellte mich der Aufgabe. Nun bin ich soweit, den Tatsachen ins Auge zu blicken, will nicht verdrängen und vergessen, will mich nicht ablenken oder davor drücken, sondern dich ganz bewusst auf deinen letzten Stunden begleiten. Ich weiß nun, spüre, dass es der richtige Weg für dich ist, und weiß für mich, wohin er dich führen wird. Danke, dass Du mir die Zeit gegeben hast, das zu realisieren. Ich verstehe dich, dass du einfach nicht mehr willst. Ich hätte an deiner Stelle wahrscheinlich schon längst das Handtuch geworfen.

Deine medizinischen Werte sind stabil. Wir wagen, dich für eine weitere Nacht zu verlassen. Wieder eine Nacht des Bangens, ob der Anruf kommt oder nicht, ob wir es rechtzeitig schaffen. Machtlos müssen wir der Natur ihren Lauf lassen. Ist das alles für etwas gut? Ich bekomme eine SMS: Lass sie ziehen und behalt sie in deinem Herzen!

Das Schlimmste ist das Warten, das Warten bis du stirbst. Von den Ärzten gibt es keine Hilfe mehr, die sie noch anbieten können. Sie stehen mit dem Rücken zur Wand. Was muss in ihnen vorgehen? Auch sie haben sich an dich gewöhnt, haben dich lieb gewonnen, haben dich mit den besten Absichten vielen Untersuchungen unterzogen und sind nun hilflos den Kräften der Natur ausgesetzt, müssen eingestehen, dass alles vergeblich war. Und die Schwestern und Pfleger: Sie haben dich aufgenommen wie ihr eigenes Kind, haben mit dir gelitten, haben ihr Bestes gegeben.

Mittwoch. Um 5.45 Uhr ist es so weit. Das Telefon klingelt, der Anruf, von dem ich über neun Wochen gehofft hatte, dass er nie kommen würde. Der Arzt meint, es könnte dem Ende zugehen. Entgegen meinen Erwartungen bin ich vollkommen ruhig. Wir ziehen uns an und sind innerhalb von 15 Minuten bei dir. Der Arzt und zwei Schwestern stehen schon an deinem Bett. Ja, wir haben es rechtzeitig geschafft. Du lebst noch. Ich darf dich wieder auf mir liegen haben und dich festhalten. Deine Lebensenergie und deine Willenskraft sind unglaublich. Du gibst uns und dir noch ein wenig Zeit, uns in aller Ruhe voneinander zu verabschieden, den „richtigen" Moment zu finden. Dafür kann ich dir nicht genug danken. Es ist ein großartiges Gefühl, dich in deiner Ruhe und Wärme auf mir zu spüren, dich drücken zu können, mit dir zu „kommunizieren" und die Zukunft zu „besprechen". Ich weiß, dass auch du dir den richtigen Zeitpunkt aussuchen wirst, wenn auch du so weit bist, loslassen zu können. Wann dieser sein wird? Du wirst es entscheiden, wenn du es für richtig hältst, wenn du dir sicher bist, dass wir dich verstanden haben und die Aufgabe, die du uns geben wolltest und solltest, verinnerlichen konnten, wenn du spürst, dass auch wir so weit sind, beide. Nein, noch kann ich nicht verstehen, worin genau diese Aufgabe besteht, wofür dein Tod, dein kurzes Leben wirklich gut sein sollte, vor allem all das Leiden, das du ertragen musstest. Die eine oder andere Botschaft scheint an- und durchzuklingen. Irgendetwas, nein vieles hat dein Besuch schon bewirkt, und wird er in Zukunft noch bewirken. Darüber bin ich mir klar und auch gewiss. Was genau es sein wird, wird sich mir wohl erst im Laufe der Zeit, im Laufe meines Lebens offenbaren. Aber ich weiß, dass dein Leben und dein Sterben nur dann einen Sinn gehabt haben werden, wenn ich mich dieser Aufgabe stelle.

Die vergangenen zwei Tage haben mir die Zeit, deine Wärme und deine Kraft gegeben, mich von dir zu verabschieden, mir auszumalen, wohin dein Weg führen könnte, mir klar zu werden, dass mein Leben, ganz anders als erwartet und geplant, nun doch ohne dich weitergehen wird müssen, Zeit, mir bewusst zu machen, welche neue Dimension und Qualität du meinem Leben hinzugefügt hast. Und irgendwann werden wir einander wiedersehen. Denn ich glaube fest an die Worte von Kardinal König:

Du verlässt uns nicht,
du gehst uns nur voraus.

Du verlässt uns nicht, du gehst uns nur voraus? Wirst du mich dann irgendwo, vielleicht in einem Himmel erwarten? Wir können uns nicht die geringste Vorstellung darüber machen, wo das sein soll und wie. Wirst du dich dort weiterentwickeln? Oder wirst du für mich immer zehn Wochen alt bleiben? Du würdest bald krabbeln, bald brabbeln. In ein paar Jahren würdest du mit blonden Engelslocken am Strand herumtollen, irgendwann würdest du heiraten und selbst an Kinder denken. All das werden wir nicht mit dir erleben. Werden wir dich wirklich irgendwann wiedersehen? Werden wir dich wiederfinden? Wie wirst du dann aussehen? Haben Seelen ein Gesicht?

Auch mein Mann, dein Vater, muss noch den richtigen Zeitpunkt finden. Offensichtlich „funktionieren" wir alle ein wenig zeitversetzt. Dass du auch darauf Rücksicht nimmst in deinem Überlebenswillen, beeindruckt mich zutiefst.

Die Zeit verfliegt. Deine Herzrhythmusstörungen legen sich wieder, du scheinst dich zu stabilisieren. Woran liegt das? Ist es der Kampf um jede Minute, bis wir wirklich alle so weit sind? Ist es unsere Anwesenheit, die du spürst, die dich nochmals mit Kraft versorgt? Können wir dir ein wenig Ruhe und Sicherheit vermitteln? Auf der Intensivstation haben wir eine ruhige Ecke nur für uns. Ein Paravent grenzt sie von den anderen Besuchern und dem Alltag der anderen Frühchen ab, und gibt uns ein wenig Privatsphäre. Auch den anderen Eltern und Besuchern auf der Station wird es zu denken geben, wie ihr Schicksal bzw. das ihres Kindes wohl enden wird. Für dich hat nun auch die Spitalsroutine ein Ende gefunden. Keine Blutabnahmen mehr, kein Blutdruckmessen, das du ohnehin nie leiden konntest. Hin und wieder musst du abgesaugt werden. Du sollst ja nicht ersticken. Wir können bis zum späten Nachmittag in völliger Ruhe den Abschied einsickern lassen. Für uns alle ist es ein großes Glück, dass wir dich so lange begleiten dürfen. Es gibt dir die nötige Ruhe und uns viel Kraft, den Schmerz zu bewältigen.

Du hast in den fast zehn Wochen mehr ertragen als die meisten von uns in ihrem ganzen, langen Leben. Du hast es tapfer und mit unglaublichem Kampfgeist durchgestanden. Meinen größten Respekt. Du hast uns viel gelehrt, Dinge, die kein Weiser uns je hätte lehren können. Dafür bin ich dir unendlich dankbar.

In aller Trauer freue ich mich für dich, dass dein Leiden ein Ende hat und du in deiner Tapferkeit auch uns die Zeit gegönnt und gegeben hast, die wir benötigten, um mit dir eins zu werden. Du hast von Anfang an einen unglaublichen Charakter gezeigt. Selbst nun in den Stunden deines Sterbens. Du wusstest von Anfang an, was du wolltest und wann du es wolltest. Schon bei deiner Geburt! Selbst nun! Deine Energie, Kraft und Liebe werden mir unvergesslich bleiben. Deine Ausstrahlung macht mich süchtig, noch viel mehr von dir zu bekommen. Du bist ein großartiger Mensch, und ich bin stolz und dankbar, dass ich deinen für unsere Erwartungen viel zu kurzen Lebensweg mit dir gehen durfte.

Vielen Dank!

Der Zeitpunkt des Abschiednehmens zeichnet sich nun ab. „Der Nachtdienst", die Dienst habende Ärztin, kommt „zum Plaudern". Wie wir später feststellen, konnte sie auf dem Monitor im Dienstzimmer sehen, dass die Art deiner Herzschläge das Ende andeutete. Die Sprünge deiner Werte werden größer. Wir schauen immer wieder auf den Monitor. Sind es noch Minuten, Sekunden? Wenn wir dich nur festhalten könnten, hier bei uns behalten könnten! Du liegst auf deinem Vater. Friedlich. Schön.

Draußen ist es inzwischen dunkel geworden, auf der Station ist Ruhe eingekehrt. Auch bei uns. Wir haben nun scheinbar alle den Zeitpunkt gefunden, zu dem wir bereit sind, loszulassen.

Es ist so weit: Dein Herz bleibt stehen.

Was wir nun spüren, was nun deinen Oberkörper bewegt, ist nur mehr die Kraft, der Takt der Beatmungsmaschine. Es hat etwas Unheimliches.

Lebst du wirklich nicht mehr? War's das? Schon?

Manuell stellt die Ärztin fest, dass dein Herz nicht mehr schlägt. Die Schwester stellt die Beatmungsmaschine ab. Ich möchte nicht an ihrer Stelle sein. Das Ende ist da und manifestiert sich durch das einfache Klicken eines Schalters.

Ein Geräusch, welches man sonst kaum wahrnimmt, geht mir durch Mark und Bein. Es ist aus, vorbei. Deine Seele ist in die unendlichen, dunklen Weiten des Universums entlassen. Mir bleibt die Erinnerung, die Emotion, eine neue Welt, die du mir eröffnet hast.

Klick – einfach nur Klick.

Leere. Unfassbarkeit. Große Trauer, aber auch große Liebe, die du uns gelehrt und vermittelt hast.

Wer reitet so spät durch Nacht und Wind?
Es ist der Vater mit seinem Kind;
Er hat den Knaben wohl in dem Arm,
Er fasst ihn sicher, er hält ihn warm.

Mein Sohn, was birgst du so bang dein Gesicht?
Siehst, Vater, du den Erlkönig nicht?
Den Erlenkönig mit Kron' und Schweif?
Mein Sohn, es ist ein Nebelstreif.

*

Mein Vater, mein Vater, und siehst du nicht dort
Erlkönigs Töchter am düsteren Ort?
Mein Sohn, mein Sohn, ich seh' es genau;
Es scheinen die alten Weiden so grau.

„Ich lieb dich, mich reizt deine schöne Gestalt,
Und bist du nicht willig, so brauch' ich Gewalt!"
Mein Vater, mein Vater, jetzt fasst er mich an!
Erlkönig hat mir ein Leids getan!

Dem Vater grauset's, er reitet geschwind,
Er hält in den Armen das ächzende Kind,
Erreicht den Hof mit Mühe und Not;
In seinen Armen das Kind war tot.

(Der Erlkönig, Johann Wolfgang von Goethe)

Kaum eine Ballade, kaum ein Rhythmus könnte meine derzeitigen Gefühle besser wiedergeben als dieses Gedicht. Ich fühle mich wie in einem albtraumartigen Fieberzustand, umgeben von der Unheimlichkeit dieses von Nebelschwaden durchzogenen Erlenwaldes. Es ist düster, dämmrig, beinahe schauderhaft. Deine Hautfarbe hat sich verfärbt, blau, blaugrau. Du liegst in meinen Armen. Regungslos. Leblos. Tot. Meine Gedanken, meine Eindrücke, die Erinnerungen an die Erlebnisse der letzten Wochen galoppieren rasend schnell noch einmal an mir vorbei, wie ein scheuendes Pferd, das aus Panik nur möglichst schnell den eigenen Stall erreichen möchte, um sich in Sicherheit zu bringen. Ich spüre förmlich die Feuchtigkeit seines Schweißes von seinem verzweifelten Galopp vor Angst angesichts des Todes, der in den Blättern rauscht, aus Furcht, dass es der Erlkönig einholt und ihm Gewalt antun könnte. Die Gegenwart und Zukunft umgeben mich in einem dicken, trüben Nebel, unklar, unheimlich, geisterhaft. Hin und wieder kommt der helle Schein des Feenlandes durch, in das deine Seele nun vielleicht aufgebrochen ist. Der Augenblick hat etwas Unheimliches, etwas Albtraumhaftes, aber auch etwas Magisches, Ungreifbares, Mythisches.

Wie hast du dich in diesen letzten Minuten gefühlt? Du schienst so friedlich, schienst zufrieden auf deinem Vater eingeschlafen zu sein, erlöst, erleichtert. Oder hat dich doch dieser Erlkönig gepackt, dir Angst gemacht, dich in Panik versetzt?

Das einzig Wichtige im Leben
sind die Spuren von Liebe,
die wir hinterlassen,
wenn wir ungefragt weggehen und
Abschied nehmen müssen.

(Albert Schweitzer)

Ich bitte die Schwester, dich endlich und erstmals von all deinen Schläuchen zu befreien. Bestehen Sie darauf! Diese Chance haben Sie nie wieder! Nach anfänglichem Zögern überzeuge ich sie, dass zum Schutz der Ärzte alles durch Röntgenbilder dokumentiert ist und sie sie mit gutem Gewissen entfernen kann. Erstmals kann ich dich ganz ohne „Schläuche" in die Arme nehmen. Der Tubus, von dem wir dich so oft befreien wollten, ist endlich weg. Endlich kann ich dich so in den Arm nehmen, wie ich es mir immer gewünscht und vorgestellt hatte. Endlich kann ich dein süßes Gesicht sehen, deine liebe Stupsnase, ohne dass ein Schlauch im Weg ist. Selbst dieser kleine Schlauch aus dem Reich der Puppen hat schon Spuren hinterlassen. Ich kann dich halten und drücken und versuchen, mir vorzustellen, auf welchem weiteren Weg deine Seele jetzt sein mag.

Die Schwestern baden dich und ziehen dich an. Liebevoll, wie wenn du noch am Leben wärst. Ich bin beeindruckt, wie liebevoll auch mit deinem toten Körper umgegangen wird. Nochmals können wir uns von dir verabschieden.

Irgendwann werde auch ich zu dir fahren, dich wieder sehen. Vielleicht. Wer weiß das schon? Bis dahin bleibt mir nur die Hoffnung, die Hoffnung, dass du in guten Händen bist, glücklich bist, wo immer du auch sein magst. Die Hoffnung, dass du mir beistehst, mir Kraft gibst. Hoffnung. Leider wieder nur Hoffnung. Niemand wird mir je eine Antwort geben können. Es war eine wunderschöne Zeit mit dir, trotz aller Sorgen und schlaflosen Nächte, in Sorge, dich nicht mehr lebend zu sehen, in Sorge, du könntest Schmerzen leiden, in Sorge, du würdest Behinderungen davontragen und und und … Über welche „Kleinigkeiten" haben wir uns Gedanken gemacht! Alles hat sich jetzt relativiert.

„Ich habe drei Schätze, die ich schätze und hüte:
Der eine ist die Liebe,
der zweite ist die Genügsamkeit,
der dritte ist die Demut.

Die Liebe macht,
dass man mutig sein kann,
die Genügsamkeit macht,
dass man weitherzig sein kann,
die Demut macht,
dass man fähig wird zu herrschen.

Heutzutage ist man mutig
unter Preisgabe der Liebe,
weitherzig unter Preisgabe der Genügsamkeit,
den andern voran unter Preisgabe der Demut …

… und wen der Himmel retten will,
den schützt er durch die Liebe!"

Laotse, 6. Jh. v. Chr.

Am Abend deines Todes fahren wir nach Hause, schaffen es mit großer Mühe, Worte zu finden, deinen Tod unseren engsten Wegbegleitern, die uns in den vergangenen Wochen immer wieder Mut gemacht und Kraft gegeben haben, mitzuteilen. Die Betroffenheit ist enorm. Alle hätten sich gewünscht, dich aufwachsen zu sehen, dich weinen und lachen zu hören, dich in den Arm nehmen zu können ... Was du uns allen ganz deutlich gemacht hast: Gesundheit ist ein Geschenk, für das wir täglich dankbar sein müssen und welches nie eine Selbstverständlichkeit sein wird, sein soll und sein darf. Auch dafür danke ich dir. Wir verfallen vor lauter Erschöpfung in unseren Betten in einen Tiefschlaf. An den darauf folgenden Tagen lenken die vielen Amtswege uns ein wenig von den harten Fakten der Realität deines Todes ab. Die Diskussionen, um die Obduktion zu vermeiden, die Ausstellung deines Totenscheins, die Abmeldung aus dem Melderegister.

Was immer wir dieser Tage tun, es ist überdeckt von einem neuen, intensiven Gefühl, dem Gefühl der Trauer. Man sagt, die Trauer gehört zum Leben wie die Freude – nur dass die Trauer eine Emotion ist, die wir am liebsten nie fühlen, nie kennen lernen wollten. Aber die beiden gehören zusammen, wie die Nacht zum Tag, wie der Tod zum Leben. Zu einem gewissen Grad bedingen sie einander sogar, machen einander erst wirklich erlebbar, erst wirklich differenzierbar. Ich empfinde die beiden als äußerst ungleiches Geschwisterpaar. Die Freude, immer gern gesehen und herzlich willkommen. Die Trauer, das hässliche kleine Entlein.

Tod und Trauer

Tod. Abschied. Schmerz. Trauer. Erlösung. Ende. Oder auch Anfang? Wie gehe ich mit dem Tod, deinem Tod um? Wie gehen wir damit um? Wir beide, wir als Familie, wir miteinander, unsere Umgebung, unsere Gesellschaft? Was ist Trauer? Was bezweckt sie? Bezweckt sie etwas? Schon wieder viele Fragen, schon wieder ein neues Kapitel in meinem Leben. Eine neue Herausforderung. Auf einmal spirituelle Themen, denen ich mich eigentlich erst in vielen Jahren stellen wollte, wenn es bei mir so weit sein könnte oder bei mir nahe stehenden Familienmitgliedern oder Freunden. Das wäre der natürliche Weg, der Weg, der unserer Erwartungshaltung entsprechen würde. Kinder begraben ihre Eltern. Die Älteren gehen vor den Jüngeren. Es gibt Erinnerungen an gemeinsame Erlebnisse, gemeinsame Erfahrungen, gemeinsam verbrachte Stunden und Jahre. Aber du? Du warst ein Baby. Du solltest geboren werden, um zu leben, um uns zu überleben, um mit uns vieles zu erleben, um deine eigenen Erfahrungen zu sammeln und Fehler zu machen, um zu lernen, zu leben und zu lieben. Von Anfang an war bei dir alles anders. In Zeitraffer hast du vieles davon erlebt, hast gelebt, kurz und intensiv, hast lieben können und wurdest geliebt. In diesem Anderssein hast du unglaubliche Größe bewiesen und einen enormen Lebenskampf vollzogen, einen Kampf um jede Minute deines Lebens. Und schließlich der Abschied, als du merktest, dass auch wir bereit waren, dich gehen zu lassen, zwangsläufig, dich gehen lassen zu müssen. Natürlich war ich nicht bereit, dich gehen zu lassen. Aber ich hatte eingesehen, dass ich dich gehen lassen musste. Machtlos. Beeindruckt. Fasziniert.

Wie kann ich all das Erlebte abschließen, dir „nachtrauern“ und trotzdem das Positive, das du mir und uns geschenkt hast, im Vordergrund bewahren, es annehmen und umsetzen?

Trauer wird als ein „psychischer Reinigungsprozess" bezeichnet, der uns von den Eindrücken eines schweren Verlustes befreien soll. Ich nehme die Trauer nicht nur als ein intensives Gefühl, sondern vielmehr als eine enorme Kraft wahr. Eine Kraft, die manchmal positiv und manchmal negativ, die tage- und phasenweise anders wirkt. Zunächst dominiert bei mir die negative Wirkung dieser Kraft. Das Gefühl der Schwere, das Fehlen von Energie, die sonst wie selbstverständlich da ist und mich durch den Tag bringt. Oft fällt es mir schwer, die eigenen Tränen auszuhalten, die aufkommende Wut auszudrücken, mich den vielen immer wiederkehrenden Fragen zu stellen, dem „Warum?", „Warum gerade mein Kind?", „Warum gerade Du?". Es sind schwere, dunkle, schwarze, zumeist einsame Stunden und Tage, geprägt von Emotionen wie Hoffnungslosigkeit, unter deren Einfluss mein Leben und mein Weiterleben scheinbar keinen Sinn mehr haben, wo kein Ende, keine Lösung, keine Antworten in Sicht sind. Auch Schuldgefühle mischen sich dazu: Was habe ich falsch gemacht, um das zu verdienen? Was habe ich falsch gemacht, um dir das alles anzutun? Ich hätte doch merken müssen … Selbst gut gemeinte Ratschläge wie „Bewegung an der frischen Luft" oder ähnliches stoßen in diesen Phasen auf taube Ohren. Ich will, kann sie teilweise gar nicht annehmen. Selbst dazu fehlt die Energie, der Antrieb. Auch meine Umwelt assoziiert Trauer primär negativ. Wie Oscar Wilde einmal schrieb: „Viele gehen durch die Gassen, nur wenige schauen zu den Sternen." Die Reaktionen sind entsprechend, sind geprägt von Angst und Unsicherheit, von Sprachlosigkeit. Es fehlen passende Worte. Es fehlt die Auseinandersetzung mit dem Thema. Was in der Sprache fehlt, fehlt auch im Denken. Und umgekehrt. Sowohl Angst als auch Unsicherheit verleiten naturgemäß eher zur Flucht, zur Ablenkung und zum Ausweichen, aber nicht dazu, zu verharren und sich der Auseinandersetzung zu stellen. Ein Teufelskreis, der dem Körper die Gelegenheit nimmt, die mit der Trauer verbundene Kraft zu entfalten, um die Erfahrungen und Ereignisse zu bewältigen und diese Phase des Lebens nicht nur zu überwinden, sondern vielleicht sogar daran zu wachsen. Ein Teufelskreis, dessen ich mir selbst erst langsam bewusst werde. Muss ich zulassen, dass diese Kraft mich zerstört? Oder kann ich sie anders, besser nutzen, sie vielleicht sogar ins Positive kehren? Es kann doch nicht deine Absicht, deine Aufgabe gewesen sein, dass ich an deinem Tod verzweifle, zulasse, dass mich die ungeheuren Kräfte der Trauer um dich zerstören, meine Beziehung und unsere Familie in die Brüche geht! Aber darf ich denn umgekehrt an dieser Kraft, die in der Trauer um dich steckt, wachsen? Darf ich denn aus deinem Tod Positives schöpfen und von deinem Tod profitieren?

Ja, ich kann und will und muss – sonst wären dein Leben, dein Leiden und dein Tod wohl vollkommen umsonst gewesen! Ich stelle mich ganz bewusst dieser Auseinandersetzung, möchte mich ihr auch stellen, versuche, dich und deinen Tod, die Ereignisse und Erfahrungen der vergangenen Wochen als neuen Weg zu betrachten, der mir angeboten, der mir eröffnet, der mir beinahe gewiesen wird, der vielleicht auch eine große Chance und Bereicherung für mein weiteres Leben bieten kann. Ich beginne, mein eigenes bisher gelebtes Leben zu hinterfragen, setze mich mit vielen Facetten meines jetzigen und meines zukünftigen Lebens auseinander, justiere mein Fadenkreuz, eiche meinen Maßstab neu. Ich stelle Prioritäten und bisherige Gewohnheiten in Frage, überlege in vieler Hinsicht einen Neuanfang. Wieder einmal liegt es aber an mir, einen neuen Weg einzuschlagen, Mut für diese Auseinandersetzung aufzubringen, die Initiative zu ergreifen, den Kraftaufwand und die Mühe nicht zu scheuen. Wieder einmal stelle ich fest: Wer zulässt und sich einlässt, wird später davon ernten können.

Langsam entdecke ich in dieser Trauer auch eine enorme positive Kraftquelle, entdecke Kräfte, von denen ich bisher nicht ahnte, dass ich sie besitze. Aber immer wieder scheint es, als würde ich auf Grund laufen, nicht weiterkommen, stecken bleiben. Oft scheint sich der Zugang zu diesen Kraftquellen hinter einem Dickicht an Hoffnungslosigkeit zu verbergen und sich im Nebel der Verzweiflung zu verlieren. Wie kann ich sicherstellen, dass ich den Zugang zu diesen positiven Kräften immer wieder finde? Die Auseinandersetzung passiert im Tun und im Machen, ist ein aktiver Prozess des Ergreifens, durch den die Realität des Todes einfacher anzuerkennen, zu begreifen und vielleicht eher zu akzeptieren ist. Ich kann und will dich und die vielen Erfahrungen und Emotionen der vergangenen Monate nicht einfach „wegpacken". Ganz im Gegenteil: Ich versuche, gerade die positiven Seiten dieser Erfahrungen offen zu legen, sie mitzunehmen, sie an- und auszusprechen. Die Erinnerungen an deinen Lebenswillen überwältigen mich immer wieder. Das Wissen, dass es kaum eine belastendere Erfahrung gibt, stellt alle anderen Herausforderungen in den Schatten und relativiert alles. Nein, ich will dich und die Erfahrungen der letzten Wochen nicht verdrängen und schon gar nicht vergessen. Ja, ich bin Mutter, Mutter einer großartigen Tochter. Ich war schwanger, habe ein Kind geboren, habe es geliebt, mir unglaublich viele Sorgen gemacht, mich beinahe daran zerrieben. Ich bin Mutter und werde es immer bleiben, genauso wie du immer mein erstes eigenes Kind bleiben wirst. Ein weiteres Kind wird unser zweites gemeinsames Kind und das dritte Kind in unserer Familie sein. Es wird eine ältere Schwester gehabt haben, die es leider nie kennen lernen konnte. Es wird eine noch viel ältere Schwester haben, die all das miterlebt hat. Du warst und bist ein fester Bestandteil unserer Familie und wirst es immer bleiben. Du warst und bist ein fester Bestandteil in unserer Erinnerung und unserem Leben und wirst auch dies immer bleiben. Du wirst diesen, deinen Platz in unserer Familie, in unserer Erinnerung und in unseren Photoalben behalten, wie wenn du 50 Jahre gelebt hättest. Du hast mein Leben geprägt, meine Erwartungshaltung verändert und mir neue Perspektiven gegeben. Du hast mir die Kraft gegeben, das alles zu wollen und zu tun, dich immer bei mir zu behalten, dich nicht vergessen zu wollen.

Kaum ein Lebensabschnitt ist so stark von Ritualen und Traditionen begleitet wie das Sterben und das Abschiednehmen, es finden sich zahlreiche Anregungen zum Umgang mit dem Körper des Verstorbenen und wie die Hinterbliebenen dabei unterstützt werden können, dieses „Kapitel" zu Ende zu bringen. Wieder lerne ich mit deinem Tod etwas Neues, etwas Neues über das Leben und über den Sinn unserer Traditionen. Über Tausende von Jahren überlieferte und gepflegte Traditionen können nicht irren, müssen einen Sinn haben. In diesem Sinne lasse auch ich mich auf das eine oder andere ein. Altes muss gehen, muss gehen können, damit Neues kommen kann. Kleine Gesten werden zu Begleitern in unserem Alltag und zu Auslösern der Auseinandersetzung mit dem Verlust. Zu Hause und auf meinem Schreibtisch richte ich ganz bewusst feste Plätze für dich ein. Photos von dir, eine frische Blume daneben, eine Kerze. Für die Freunde, die uns in dieser schweren Zeit so sehr unterstützt haben, gestalte ich eine Erinnerungskarte. Ein Pate wäre mir zu formell, zu unpassend für dich, die so viel Liebe und Menschlichkeit in mein Leben gebracht hat. Leider haben die meisten von ihnen dich nie persönlich kennen lernen können. Sie werden mit Photos von dir auskommen müssen.

Der erste Schritt ist dein Begräbnis. Wie soll dieses Ritual zum Abschied von deinem körperlichen Dasein aussehen? Was soll darin zum Ausdruck kommen? Mit dem Tod ist der Abschied verbunden, in deinem Fall der Abschied von einem Leben, das gerade erst begonnen hatte, der Abschied von vielen Erwartungen, Hoffnungen, Träumen, Plänen, die wir zu einer gemeinsamen Zukunft geschmiedet hatten. Wir trennen uns nicht nur von deinem Körper, sondern auch von unserer Zukunft mit dir. Was uns bleibt, ist eine kurze, sehr intensive, gemeinsame Vergangenheit, Erinnerungen, die mit der Zeit verblassen werden, Schmerzen, die die Zeit lindern wird.

Dein Begräbnis soll eine Verabschiedungsgeste sein, eine bewusst vorbereitete und vollzogene symbolische Handlung, die das gefühlte und manifestierte Ende eines Lebens und eines Lebensabschnitts darstellt, die formell und offiziell die Phase des sich Verabschiedens abschließt. Unsere Kultur, unsere Tradition gibt Hilfestellung und Anleitung. Wie ich diese Handlung jedoch letztlich gestalte, muss mir und uns überlassen sein, muss unseren Bedürfnissen und Überzeugungen gerecht werden, muss unseren Gefühlen und Gedanken Ausdruck verleihen, muss zu dir passen und zu deinem Leben und deiner Wirkung. Entscheidend für mich ist das „Dass" und nicht so sehr das „Wie". Die Zeremonie, die symbolische Handlung soll das Außergewöhnliche der vergangenen Wochen, dein kurzes Leben, deinen Tod in aller Deutlichkeit von der Routine des Alltags ab- und herausheben, soll uns noch einmal vor Augen führen, was für ein großartiger Mensch du warst. Spontan wünsche ich mir, deine Asche auf offener See zu verstreuen. Ich habe Angst vor dem Pathos und den Emotionen, die durch den religiösen Ablauf eines traditionellen Begräbnisses ausgelöst werden. Aber mein Mann wünscht sich, dass du im Familiengrab beigesetzt wirst, dass es auch später einen Anlaufpunkt für uns geben wird. Ihm ist das wichtig, ich kann damit leben und respektiere seinen Wunsch. Später werde ich ihm dafür dankbar sein. Erst jetzt stelle ich fest, dass es Sache der Hinterbliebenen sein muss, die Art der Bestattung zu bestimmen. Ich hatte für mich selbst vorgesehen, verbrannt und verstreut zu werden. Keiner sollte sich verpflichtet fühlen, mein Grab zu pflegen, es zu besuchen, an kalten November-Feiertagen hier frierend zu stehen. Ich werde eines Besseren belehrt, werde es schätzen, einen Anlaufpunkt zu haben, einen Ort, wo ich dich „besuchen" kann, wo ich in aller Ruhe Erinnerungen wachrufen, reflektieren, weinen, lächeln kann.

Wir machen also ein traditionelles Begräbnis im engen Familienkreis. Das gibt uns neuerlich die Möglichkeit, ja verpflichtet uns beinahe, uns dem Thema des Sterbens zu stellen, uns mit deinem Tod auseinander zu setzen und uns von dir zu verabschieden. Ich konnte dies im Spital bereits tun. Nun sollen auch andere dir Nahestehende die Möglichkeit haben, dies für sich zu tun und die einer solchen Zeremonie beigemessene „heilende" Wirkung zu erfahren.

Es ist ein trüber Novembertag. Es ist kalt, es schneit sogar ein wenig. Die Stimmung könnte trostloser nicht sein. Kein Drehbuchautor hätte sie besser planen können. Der Priester, der uns auch schon getraut hat, kommt meiner Bitte nach einer kurzen Zeremonie nach, findet sehr beeindruckende Worte. Du lebst als mein kleiner Engel, mein Schutzengel weiter, bleibst bei mir, gibst mir Kraft. Auch deine Schwester hat dich nun als persönlichen Schutzengel, wann immer sie ihn braucht.

In einem kleinen, schwarzen Sarg begraben wir dich neben deinem Großvater mit deiner kleinen Stoffente. Genau so eine hat dich schon im Spital begleitet. Dieses kleine Entlein, das zu Beginn beinahe so groß war wie du selbst, das immer bei dir war, das manchmal deinen Tubus gestützt oder als „Pfosten" für das Zelt gedient hat, das die Schwester dir aus einer kleinen Decke machte, um dich vom Neonlicht der Intensivstation zu schützen und dir ein wenig Dunkelheit und Schlaf zu gönnen. Nun hast du von beidem genug. Mir kommen die Tränen. Ein kleines Stoffentlein, das ein Erinnerungsstück für uns geworden ist, ein Erinnerungsstück an die Zeit mit dir, an dich und alles, was du verkörperst, ja verkörpert hast, muss ich nun wohl sagen. Du sollst auch in deinem Sarg nicht allein sein. Es ist uns wichtig, dass sie bei dir ist.

Der kleine schwarze Sarg. Ich habe auf Schwarz bestanden, da mich Fichte, noch dazu in diesen kleinen Maßen, an eine Kiste erinnert. Die vielen Kränze. Der Sarg mit meiner kleinen Anabel in diesem tiefen, dunklen, kalten Schacht. Vollkommen allein gelassen. Nur mit einer Stoffente. Die Gefühle übermannen mich. Das kann doch alles nicht wahr sein! Du da, vollkommen auf dich allein gestellt, in der Kälte und Dunkelheit, hilflos. Ich möchte zu dir, dich halten, dich drücken, dich wärmen.

Ich stehe vor dem offenen Grab, erstarrt nicht nur vor Kälte. Sprachlos. Gut, dass ich den Abschiedsbrief ausgedruckt habe, zu zusammenhängenden Sätzen wäre ich nicht fähig. Aber es ist mir ein Bedürfnis, ihn dir hier nochmals vorzulesen, dir meine Gedanken hier und jetzt mit auf den Weg zu geben. Natürlich weiß ich, dass auch das irrational ist. Du wirst meine Worte nicht hören, die Farbe deines Sarges nicht sehen und dein Stofftier nicht fühlen können. All das ist belanglos, irrelevant geworden. Nichts wird die Tatsache ändern, dass du nicht mehr bei uns bist, uns nie mehr anstrahlen, uns nie mehr drücken wirst. Trotzdem.

Liebe Anabel!

Dein Leben war in Zeiteinheiten nur von kurzer Dauer. Jedoch habe ich diese wenigen Wochen in einer Intensität erleben dürfen, die ich unter anderen Umständen wahrscheinlich nie verspürt hätte. Ich durfte viele schöne Stunden an Deiner Seite verbringen, beim „Kangoroon" und auch beim Abschiednehmen. In den schweren Stunden der Sorge hast Du mir die Kraft gegeben, sie zu ertragen.

Du warst von Anfang an eine starke Persönlichkeit:

> *Du wusstest immer ganz genau, was Du wolltest und vor allem wann.*
> *Deine Liebenswürdigkeit war umwerfend.*
> *Deine Ausstrahlung hat mich ganz süchtig nach mehr von Dir gemacht.*

Du hast uns alle in Deinen Bann gezogen, und wir lassen Dich nur ungern ziehen. Selbst beim Abschiednehmen hast Du uns mit Deiner Ausdauer die Zeit gegeben, die wir benötigten, um mit Dir eins zu werden. Dafür danke ich Dir und zolle Dir meinen größten Respekt.

Du hast unsere Liebe vertieft und uns zusammengeschweißt. Du hast unsere Perspektive zurechtgerückt und vielem wieder die richtige Relation gegeben. Du hast uns erinnert, dass wir vor der Natur Respekt haben und die Gesundheit in größtem Maße schätzen sollen. Es erfüllt mich mit großem Stolz, Deine Mutter sein zu dürfen.

Schon während ich diesen Abschiedsbrief verfasste, wurde mir neuerlich klar, wie großartig du warst und bist, wie viel du in dieser kurzen Zeit bewegt hast – in mir, in uns, in unserer Ehe, in unserer Familie, bei unseren Freunden. Dies möchte ich hier an dieser Stelle, an deinem Grab noch einmal zum Ausdruck bringen und dir mit auf den Weg geben. Auf diesen Weg in ein Dunkel, das wir nie kennen lernen werden, bevor es bei uns selbst so weit ist, worüber sich jeder von uns nur seine eigenen Vorstellungen bilden kann. Wie ergeht es dir da? Bist du in guten Händen? Ist es kalt?

Ein eisiger Windstoß holt mich in die Realität zurück. Das offene Grab. Dein Sarg. Ein paar Rosen. Der Grabstein. Auf dem Grabstein wird bald dein Name stehen. Dein Name. Anabel! Du hattest schon sehr bald einen Namen, lange vor deiner Geburt. Es war keine schwere Entscheidung. Dein Name, er war einfach da und er war uns wichtig. Du bist nicht unser Baby, unser Frühchen, unsere tote Tochter. Du bist Anabel. Unsere Anabel. Warum mir dein Name so wichtig war und ist? „Das Kind braucht einen Namen", sagt der Volksmund. Was keinen Namen hat, bleibt in der Anonymität. Ein Name ist Bestandteil der individuellen Persönlichkeit, der Identität. Und er erleichtert die Erinnerung. Fragen nach deinem Wohlergehen, nach deiner Entwicklung, nach deinen „Auswirkungen", nach deinem Einfluss auf uns und unser Leben sind eng verbunden mit deinem Namen. Ist es nicht selbstverständlich, dass du einen Namen hast? Ich habe Eltern kennen gelernt, deren Kind tot geboren wurde oder gleich nach der Geburt starb und keinen Namen bekam. Hat dieses Kind denn kein Recht auf einen Namen? Es wurde genauso gezeugt wie ein Mensch, der achtzig Jahre alt wurde. Soll es in der Anonymität untergehen, weil es laut unserer Zeitmessung nur ein paar Stunden oder Tage auf der Welt war? Wieder einmal ist alles relativ.

Wir können nicht beeinflussen,
was mit uns geschieht,
aber wir können entscheiden,
welche Folgen es für uns hat.

Wir sprechen deinen Namen auch aus. Manchmal macht es uns traurig, klingt Melancholie und Trauer mit. Manche erschrecken, fühlen sich verunsichert, wenn wir in einem Gespräch deinen Namen aussprechen. Aber du bist ja nicht peinlich. Warum soll ich dich daher nicht beim Namen nennen. Ganz im Gegenteil. Je leichter wir deinen Namen aussprechen können, desto mehr wirst und bleibst du Bestandteil unserer Familie, unserer Realität. Wir trauern nicht um ein Gespenst. Wir trauern um einen realen Menschen. Auch unsere Freunde verstehen uns besser, können uns besser verstehen, wenn du und die Erinnerung an dich Realität bleiben.

Anabel, dein Name wird zum Symbol für deine Existenz, wenn sonst schon nicht viel an Photos oder an gemeinsamen Erlebnissen geblieben ist. Je besser ich benennen kann, desto leichter kann ich aussprechen, differenzieren und verarbeiten. Das ist viel leichter, als Ungreifbares, Unfassbares mit mir herumzutragen und nicht damit umgehen zu können. Menschen unterscheiden sich nicht darin, wie viel Glück oder Unglück ihnen widerfährt, sondern wie sie damit umgehen.

Der Neuanfang

In den ersten Stunden unmittelbar nach deinem Tod schienen die Hormone und die unglaubliche Müdigkeit nach den vielen Wochen der Sorge und des „Kampfes“, nach den intensiven Stunden des Abschiednehmens, den vielen Tränen, Gedanken und Gesprächen ihren Beitrag zu einer ruhigen Nacht geleistet zu haben. Meine Kräfte waren am Ende. Die besorgte Frage meiner Umgebung, ob ich Schlaf- oder Beruhigungsmittel benötigen würde, quittierte ich mit Unverständnis. Schlaflosigkeit, nein, das lag hinter mir. Mein Schlafbedarf war enorm und überdeckte vorerst alle grüblerischen, sogar die trauernden Gedanken. Dann kam die Beerdigung, die deinem Dasein auf Erden ein zeremonielles Ende bereitete. Seitdem ist schon eine Woche vergangen. Die wirklichen Untiefen der Trauer scheinen hinter mir zu liegen und ich fange an, Kraft zu entwickeln, um mit dem Auftauchen zu beginnen. Mein Leben muss, soll weitergehen. Trotzdem.

Wie sollen wir weiterleben? Machen wir überhaupt weiter oder fangen wir neu an? Werde ich wieder lachen können? Darf ich wieder lachen, lustig sein, das Leben genießen?

Es ist der Beginn eines weiteren Lebensabschnitts, sozusagen einer neuen Zeitrechnung, mit einer neuen Perspektive, mit neuen Werten. „Danach“, nach dir, nach deiner Geburt, nach deinem Tod, nach unserem kurzen gemeinsamen Leben.

Wie soll ich diesen neuen Lebensabschnitt beginnen? Ich könnte sicherlich, will aber nicht „einfach so“ in den Büroalltag zurückkehren. Ganz bewusst nicht. Ich will mich zurückziehen, Abstand gewinnen von den Erlebnissen, vom Tod, vom Alltag, von der gewohnten Umgebung. Ein neuer Anfang ist notwendig, kein unreflektiertes Weitermachen in eingefahrenen Wegen. Ich entscheide mich für einen sehr bewussten Umgang mit dem Thema und die bewusste Auseinandersetzung, ohne mich einem fixen „Plan" zu unterwerfen. Wenn ich mich „damit", mit dir, mit deinem Tod, mit deinem Einfluss auf meine Zukunft auseinandersetzen möchte, tue ich es. Wenn ich die Kraft dazu gerade nicht habe, gestehe ich mir auch das zu. Ich nehme mir Zeit. Zeit für mich, Zeit zum Nachdenken. Ich tabuisiere nicht, aber ich leiste auch nicht aktiv Trauerarbeit. Ich lasse geschehen, ohne mich gehen zu lassen. Ich lasse Trauer zu, wenn sie mich überkommt. Ich lasse Tränen zu, wenn sie mich befreien. Auch in aller Öffentlichkeit, weil ich mich ihrer nicht zu schämen brauche. Ich lasse die unmittelbare Konfrontation mit dir zu, mit Photos von dir, mit Gesprächen über dich und über die Zeit mit dir, mit Besuchen an deinem Grab. Solange ich mit diesem Ort ein Bild assoziiere, in dem du alleine in diesem kalten, dunklen Grab liegst, empfinde ich diese Besuche als unerträglich. Erst langsam entwickle ich das Gefühl, dass es auch schön sein kann, auf diese Weise „zu dir" zu kommen, lerne dein Grab als Chance zu nutzen, einige Minuten der absoluten Ruhe bei dir zu genießen, in die Erinnerungen einzutauchen, mir der Veränderungen bewusst zu werden, und neuerlich zu reflektieren. Ich gebe meiner Trauer Raum, Freiraum, Raum, der frei ist von Tätigkeiten, von Einflüssen meiner Umgebung, von Gesprächen. Ich ziehe mich zurück, ohne mich zu isolieren, beschäftige mich mit den vielen Themen, die in den vergangenen Wochen aufgeworfen wurden, ohne mich darin zu vergraben. Ich bitte um Rat, wo mir dieser wichtig erscheint. Ich suche andere Perspektiven, wo ich auf meinem eigenen Weg nicht weiterkomme. Ich suche selbst nach Lösungen, wo ich der Ansicht bin, dass ich diese nur selbst finden kann. Ich suche Hilfe, wo ich selbst keinen Ausweg mehr finde. Ich versuche, bewusst wahrzunehmen, wonach mir ist – nach Essen, nach Aktivitäten, nach Kontakten.

„Wenn ihr bei Nacht den Himmel anschaut,
wird es euch sein, als lachten alle Sterne,
weil ich auf einem von ihnen wohne,
weil ich auf einem von ihnen lache."

(Antoine de Saint-Exupéry, Der kleine Prinz)

In Ruhe, fern der vielen Reize, die sonst täglich auf uns einprasseln, möchte ich noch ein paar Tage einfach allein bzw. zu zweit „nachdenken", einen Ortswechsel vollziehen, abschließen, um dann mit frischen Energien ein „neues Leben", einen neuen Lebensabschnitt mit dir und zugleich ohne dich zu beginnen.

Wir nehmen uns diese Zeit. Es ist gut so.

Im Moment der Krise kann man keinen klaren Gedanken fassen oder Entscheidungen treffen. Man lässt sich Zeit und geht an einen Ort, an dem man sich wohl fühlt. Wir fahren eine Woche weg, ans Meer. Es ist uns nach Wärme, Weite, Offenheit, Natur. Eine Woche nachdenken, einsickern lassen, Tapetenwechsel, viele Stunden zu zweit. Zeit für uns, Zeit füreinander, Zeit, um uns selbst und einander zu verstehen, in unseren Emotionen, in unseren Reaktionen, in der Veränderung, der wir unterworfen wurden. Wir haben uns weiterentwickelt. Jeder für sich und auch miteinander. Es bedarf eines Neuanfangs bzw. eines Weiterlebens unter geänderten Bedingungen. Es ist nicht, „wie wenn nichts gewesen wäre". Wir sind uns dessen bewusst und müssen uns dessen bewusst bleiben. Nur so können wir manche unserer Reaktionen verstehen. Es ist eine Zeit der intensiven Reflexion. Reflexion über das Erlebte, über den Umgang damit, über mich, dich, uns. Die Reflexion passiert teilweise von selbst, teilweise wird sie durch die Ruhe, das „Nichts" um mich herum bedingt und gefördert. Die Weite des Meeres vor mir, der ungreifbare Horizont, das monotone Rauschen der Brandung, der herrliche Sternenhimmel, die frische, kühle Meeresluft. Ist das nicht alles ein großartiges Geschenk? Und wenn wir in den von Sternen übersäten Himmel schauen, können wir inzwischen lächeln, denn wenn der kleine Prinz Recht hat, leuchtet uns vom Himmel dein Stern entgegen:

„Denke darüber nach,
mit wem du über deine Sorgen sprichst.
Sonst werden aus Sorgen Probleme
und keine Lösungen."

Von unserer Auszeit kehren wir zurück, bereit für einen neuen Anfang, keine Fortsetzung des Vorherigen. Mein Alltag ist anders geworden. Zu Beginn anstrengender, vor allem im Umgang mit meiner Umgebung, aber auch bewusster. Ich lebe viel mehr im Jetzt, erlebe vieles gleich und nicht später. Ich merke, dass mein Körper nicht nur eine Schwangerschaft hinter sich hat, sondern auch eine Zeit großer Trauer. Ich merke, dass Trauer sich ähnlich anfühlen kann wie eine schwere Krankheit. Natürlich habe ich keine Krankheitssymptome im eigentlichen Sinn. Aber es war eine sehr anstrengende Zeit, die mich auch körperlich sehr beansprucht hat. Ich lasse auch das bewusst zu, gönne mir im Alltag Zeit alleine oder zu zweit, gönne mir Ruhe und Pausen. Nichts ist wie vorher. Es ist auch nicht immer alles okay. Auch ich habe Hoch- und Tiefphasen, gute und schlechte Tage. Manchmal vermisse ich dich so sehr, dass ich es kaum ertrage. Manchmal verfalle ich in Selbstmitleid, warum denn ausgerechnet du und damit ich ... wie unfair. Dann versuche ich, mich an die vielen schönen Stunden zu erinnern, deine unglaubliche Kraft und deine Ausstrahlung, erinnere mich an viele Details in unserem gemeinsamen Leben. Nichts, was je gelebt hat, ist wirklich gestorben. Es hat sich nur verändert, sagt man. Dein Wille, deine Seele – wenn ich deinen Körper schon gehen lassen musste, behalte ich dich doch bei mir als Veränderung, die du in mir bewirkt hast und wahrscheinlich noch weiter bewirken wirst. Sind diese Einflüsse, diese Anstöße zur Reflexion, diese Anregungen zur Bewusstwerdung nicht das eigentlich Entscheidende? Wenn unser Ziel, und damit der Sinn unseres jeweiligen Menschenlebens, ist, Veränderung zu bewirken, so hast du in deiner kurzen körperlichen Anwesenheit Enormes geleistet und wirst noch lange weiterleben!

Konfrontation zulassen, schließt auch die Umgebung ein. Unser Freundes- und Bekanntenkreis hat deinen Lebenskampf in all seinen Facetten über Wochen mitverfolgt und ist im Umgang mit uns nun zwangsläufig auch mit dem Thema des Todes konfrontiert.

Seit zehn Monaten schon war die Begegnung mit anderen für uns abwechslungsreich, waren sie im Umgang mit uns mit verschiedensten Emotionen und nicht alltäglichen Themen konfrontiert. Während meiner Schwangerschaft verursachte die Nachricht über dich herzliche Freude. Mit deiner Geburt tauchten wir in ein Wechselbad an Gefühlen und Reaktionen ein. Die Nachricht, dass du da warst, löste einerseits große Freude aus, war oft aber gemischt mit Überraschung, dass du *schon* da warst. Zugleich herrschte tiefe Betroffenheit ob deines Gewichts und deiner vagen Überlebenschancen. Auch ich war unsicher. Sollten wir deine Geburt feiern oder erst deine Entlassung aus dem Spital? Sollten wir Geburtsanzeigen verschicken oder warten, bis du gesund und zu Hause sein würdest? Mit einigen engen Freunden hatte ich während dieser Wochen regelmäßig Kontakt per Telefon oder SMS. Sie erlebten diese Zeit „hautnah" mit. Bezüglich ihrer Frage, ob es passend oder unpassend wäre, mich anzurufen, nachzufragen, mich anzusprechen, hatte ich einen ganz einfachen Ansatz, den ich ehrlich artikulierte: „Wenn ich am Telefon nicht erreichbar bin, ist mir nicht danach, Auskunft zu geben." Diese Situationen gab es immer wieder. Darüber zu sprechen, ist grundsätzlich sicherlich der richtige Ansatz, manchmal ist es aber einfach der falsche Zeitpunkt. Auch diese Ehrlichkeit mir selbst gegenüber musste sich erst entwickeln. Wann immer ich heute jemanden in einer schweren Zeit anrufe, bitte ich nicht um Rückruf, sondern spreche mein Verständnis dafür aus, sollte dieser nicht erfolgen. Manchmal will man die Leidensgeschichte einfach nicht noch einmal oder nicht schon wieder erzählen. Oft hatte ich auch einfach nicht mehr die Kraft, noch höflich zurückzurufen, wollte einfach nur alleine sein. Umgekehrt wusste ich, dass ich die Besorgten nicht ohne Nachricht lassen konnte. Keine Nachricht zu erhalten, ist in so einer Situation oft am schwersten auszuhalten. Selbst das nahende Ende kündigte ich ihnen an, da ich sie vorbereiten wollte, auch ihnen Zeit geben wollte, die Nachricht einsickern zu lassen, und das Ende wenigstens zu akzeptieren, wenn schon verstehen kaum möglich war. Auch mich erfasste die Sprachlosigkeit. Ich fand selbst kaum Worte und flüchtete in den Konjunktiv.

Nach deinem Tod schlug die Kommunikation ins andere Extrem um. Die Anrufe und Nachfragen nach deinem Wohlergehen waren versiegt. Es herrschte absolute, beinahe unerträgliche Stille. Kein Anruf, keine SMS, schwieriger Blickkontakt, kein Lachen, nur große Betroffenheit. Totenstille sozusagen in jeglicher Hinsicht und im wahrsten Sinne des Wortes. Wie sollten wir uns verhalten? Wie sollten wir aufeinander zugehen? Wäre es nicht doch einfacher, so zu tun, als wäre nichts gewesen, und zur Tagesordnung überzugehen?

Nichts ist, „als wäre nichts gewesen“. Dies gilt für alles, für meine Lebens- und Wertvorstellungen, für meine Ehe und für meine Beziehung zu meiner Umgebung. Von Anfang an ist mir klar, dass ich dies alles selbst bewältigen muss. Zugleich weiß ich, dass ich dies nicht alleine tun muss. Das Krankenhaus stellt eine Psychologin zur Verfügung. Obwohl ich sie nicht beanspruche, ist es gut zu wissen, dass es sie gibt. Ein ganz wesentlicher Faktor ist für mich die Unterstützung durch meinen Mann und Caroline, die mich verstehen, die nachfühlen können, was in mir vorgeht, die wissen, wovon die Rede ist. In diesem engen Familienkreis wird mir auch klar, wie sehr sich Menschen in der Art und Weise, wie sie trauern, voneinander unterscheiden. Jeder hat eine andere Art, eine solch extreme Herausforderung anzunehmen und mit ihr umzugehen, hat andere Bedürfnisse, die berücksichtigt werden wollen. Obwohl uns vieles verbindet, wir einander ziemlich gut kennen, wir um dasselbe trauern, unterscheidet uns auch vieles. Jeder von uns ist unterschiedlich emotional, hat seinen eigenen Charakter, hat seine persönliche, individuelle Vorgeschichte, die uns geprägt und großen Einfluss darauf hat, wie wir Abschied nehmen, wie wir diesen vollziehen bzw. wie schwer uns dieser fällt. Die Auseinandersetzung mit den Grundsatzfragen des Lebens, meines eigenen und des gemeinsamen mit meinem Mann und unserer Tochter Caroline, verändert uns, jeden für sich, aber auch uns in unserer Beziehung zueinander. Wir erleben Veränderungen, die uns phasenweise voneinander entfernen. Vorübergehend tritt eine Art von Entfremdung ein, weil wir uns weiterentwickeln, weil jeder für sich neue Prioritäten setzt. Wir müssen lernen zu verstehen, dass neue Aspekte und neue Werte in unser jeweiliges Leben getreten sind und dass es neue Prioritäten gibt. In der Emotionalität und Nähe fällt das nicht immer leicht. Zugleich müssen wir uns bemühen, in unserer kleinen Familie, in unserer Ehe den Abstand zueinander und zu den vielen Inhalten nicht zu verlieren. Wir müssen einander den Freiraum lassen, der nötig ist, die Ereignisse zu bewältigen. Manchmal müssen wir uns diesen auch nehmen, ihn sogar einfordern und einfordern dürfen. Wir müssen erkennen und zugestehen, dass jeder andere Lösungsansätze für seine Trauer hat und ihm diese zustehen. Es ist ein Spannungsfeld, ein schmaler Grad, auf dem wir wandern.

Mit kleinen Gesten schlagen wir Brücken, machen bewusst, erinnern. Etwa eine angezündete Kerze am Frühstückstisch. Kerzen schaffen eine Atmosphäre der Wärme und Geborgenheit. Das Anzünden der Kerze wird beinahe zur symbolischen Handlung, markiert diese besondere, außergewöhnliche Zeit, schafft Bewusstsein, indem bewusst zuerst das Streichholz, dann der Docht entzündet wird, indem wir bewusst die Atmosphäre dieses Kerzenscheins aufnehmen und an dich und die Zeit mit dir denken. Oft zünden wir eine Kerze bewusst für dich an, an einem deiner Erinnerungstage oder spontan, wann immer uns danach ist. Dann freuen wir uns über das Licht und die Wärme, die die Kerze in deinem Namen ausstrahlt, und machen uns bewusst, wie viel Licht und Wärme auch du in unser Leben gebracht hast. Aber auch eine frische Rose in der Vase bei Photos von dir, der gemeinsame Besuch des Grabes oder das offene Gespräch, wenn dies möglich und gewünscht ist. Oft höre ich von anderen Eltern, vorwiegend von Müttern, die ihr Kind verloren haben, dass sie sich abkapseln, unzugänglich werden, dass ihre Beziehung unter den Erlebnissen leidet oder manchmal sogar in die Brüche geht. Um dem vorzubeugen, bemühe ich mich, offen auszusprechen, was mir am Herzen liegt, bei meinem Mann, bei Caroline. Zunächst natürlich sehr vorsichtig, weil auch mir die Erfahrungswerte fehlen, weil auch ich nicht einschätzen kann, wie beide mit deinem Tod umgehen. Möchte mein Mann darüber sprechen oder ist es ihm unangenehm? Verarbeitet er die Erlebnisse gleich wie ich und gleich schnell, oder ist er im Verarbeitungsprozess schon weiter? Wie geht es deiner älteren Schwester? Wie geht sie damit um? Ich kann es nur erahnen, will es aber nicht laufend ansprechen. Ich respektiere, dass beide einen anderen Ansatz haben, sage ihnen aber, dass ich keine Berührungsängste habe. Ganz im Gegenteil. „Wenn ihr darüber reden wollt, für mich ist es kein Problem." Oft kommen wir spontan auf dich zu sprechen, natürlich, selbstverständlich.

Über unsere Familie hinaus entwickeln sich einige Bekannte zu engen Freunden und zeigen mir eine Seite, die ich unter anderen Umständen nie kennen gelernt hätte. Es sind die, die versuchen zu verstehen. Die, die versuchen nachzuvollziehen. Die, die sich einlassen auf ein Thema, das weder angenehm noch unterhaltsam ist. Die, die nicht Trost spenden, weil sie wissen, dass es den nicht gibt. Die, die nicht Mitleid aussprechen, weil das das Letzte ist, was ich mir wünsche. Es sind die, die Verständnis haben, zuhören können, sich interessieren. Die, mit denen ich über Anabel und meine Gefühle und Erfahrungen sprechen kann, wenn ich das will, wenn ich es vielleicht gerade brauche. Die, die Verständnis haben, wenn ich das Thema gerade nicht berühren will. Die, die sich Zeit für ein Gespräch oder auch nur eine Umarmung nehmen. Die, die aufmuntern und mir Mut machen, mich dem Thema zu stellen, dein Grab zu besuchen, Photos von dir anzusehen. Die, die mich daran erinnern, dass ich mir auch „für mich" Zeit nehmen muss.

„Davor" hatte ich noch große Pläne: Ich würde sicher nicht ganz in Schwarz „Trauer tragen", nur weil „man" das so verlangt. Ich würde sicher keiner Einladung fernbleiben, nur weil die gesellschaftliche Konvention dies vorgibt. Ich trage Schwarz und ich bleibe fern, aber nicht aus gesellschaftlicher Konvention, sondern weil mir danach ist. Unbewusst ist mir nach Schwarz, nach schwarzer Schlichtheit, reduziertem Schmuck und Make-up. Meine Stimmung verlangt nach Ruhe, nach Nachdenkpausen, nach inhaltsvollen Gesprächen. Ich lasse all das zu, möchte bewusst nicht werten, aber auch nicht bewertet werden. Ich bin sehr selektiv bei der Auswahl meiner Gesprächspartner, denn ich bemerke, dass es Menschen gibt, die mir Kraft rauben, und andere, bei denen ich mich „auftanken" kann. Die „richtigen" herauszufiltern, ist gar nicht so einfach. Ich kann und will nicht jedem aufbürden, sich auf meine Situation einzulassen, kann und will niemanden mit der Thematik überfordern. Aber gerade jetzt würde ich mir aktives Entgegenkommen wünschen. Gerade in dieser Phase des Neubeginns, in der mir selbst oft noch der Antrieb fehlt, in der ich mich isoliert, beinahe aussätzig fühle. Gerade jetzt, wo ich selbst Zuspruch, Interesse, ein hörendes Ohr oder manchmal ganz einfach nur Ablenkung brauchen könnte, muss wiederum ich aktiv werden. Ich muss von mir ausgehend die Brücke schlagen, die zwischenmenschliche Lähmung lösen, mache diesen ersten Schritt, muss ihn machen. Die Initiative wird in der Regel positiv aufgenommen, fast möchte ich sagen erleichtert. Trotzdem bleibt jedes erste Zusammentreffen bei der Rückkehr in die Beziehungen des Alltags schwierig, ist geprägt von Unsicherheit auf beiden Seiten, ist unangenehm, kostet Überwindung und sehr viel Kraft, zu einer Zeit, in der beinahe keine geblieben ist. Das erste Mal wieder im Büro, das erste Mal wieder in einer Freundesrunde, das erste Mal bei Geschäftspartnern, die die letzten Monate miterlebt haben. Die Reaktionen sind höchst unterschiedlich. Die meisten können damit nicht umgehen, haben nie gelernt und mussten nie lernen, damit umzugehen. Oft habe ich den Eindruck, dass sich Leute um mich herum selbst wie Trauernde verhalten und nicht mehr wagen, in meiner Nähe glücklich zu sein oder zu lachen. Vielleicht würde ich selbst genauso reagieren bzw. hätte genauso reagiert, hätte ich diese Erfahrung nicht gemacht. Manche sind einfach nur überrascht und daher vollkommen unvorbereitet. Manche sind überfordert, manche hilflos. Manche schaffen mit ihrem Mitgefühl nur weitere Probleme. Manche brechen ob der Betroffenheit selbst in Tränen aus. Auf einmal werde ich zur Tröstenden. Manche sind überwältigt angesichts der offenen Worte. Manche ertragen das Gespräch über den Tod nicht. Manche denken an ihre eigenen Kinder. Andere übergehen „das Thema“ einfach, und gehen zur Tagesordnung über. Oft wird versucht, zu lindern, den Tod als Erlösung zu betrachten, zu beschwichtigen, denn auf einmal dringen wir auf ungewohntes Terrain vor, einen Teil des Lebens, das wissen wir alle, und doch einer, der normalerweise verdrängt wird.

Manche sind aber auch spontan eine unglaubliche Hilfe und Stütze, Menschen, die sich in meine Lage versetzen oder einfach nur da sein können, Menschen, die wie ich erkannt haben, dass man durch solche Erfahrungen die Schicksalsschläge anderer zwar besser verstehen und ein wenig besser nachfühlen, dabei aber doch nur einen kleinen Teil wirklich begreifen kann. Manch einen kenne ich seit langem. Erst jetzt, wo ich selbst betroffen bin, erfahre ich, welches Schicksal sie selbst erlebt haben. Die Mutter eines behinderten Kindes erzählt mir von ihren Erfahrungen und den enormen Veränderungen in ihrem eigenen Leben. Der Vater eines behinderten Kindes erzählt mir, wie dankbar er ist, dass seine Frau sich kümmert und er dieser Realität manchmal ins Büro entfliehen kann. Ein Mann, der selbst eine Behinderung hat, bestätigt, wie sich alles relativiert, wie schlimm es am Anfang ist, bis es für einen selbst normal und Teil des eigenen Lebens wird, oder man sich zumindest mit seinem Schicksal arrangiert. Es ist ein Lernprozess für beide Seiten. Sensibilität, aber auch Distanz und Ehrlichkeit sind notwendig.

Bei einer Einladung werde ich spontan mit einer an sich vollkommen harmlosen und nahe liegenden Frage konfrontiert: „Haben Sie Kinder?" Tausende Gedanken schießen gleichzeitig durch meinen Kopf. Wie soll ich dieser Frage begegnen? Schockieren mit „ja, aber es ist gerade gestorben"? Oder verleugnen mit „nein"? Oder vielleicht eine Kompromisslösung, etwa „nein, im Alltag habe ich keines", keines, das mich in meinem Berufsleben „einschränkt", aber auch keines, mit dem ich kuscheln und das ich drücken könnte? Hätte ich keine Eltern, wenn sie schon tot wären? Hätte ich kein Kind, wenn es erst im Alter von 30 oder 40 Jahren gestorben wäre? Ein Leben ist ein Leben, egal wie lange es gedauert hat. Ich entscheide mich für die Realität, die schockierende, bittere Realität. Ja, ich bekenne mich zu dir, in jeder Hinsicht und in jeder Konsequenz, auch wenn der Fragesteller mit vielem gerechnet hat, nur nicht damit. Die Antwort ist immer unerwartet, meistens schockierend. Die Reaktion ist in der Regel hilflos, natürlich überrascht. Vollkommen verständlich. Ich ertappe mich dabei, sofort zu ergänzen, dass es „o.k." ist, um zu mildern, um dem Fragenden aus dem „Fettnäpfchen" herauszuhelfen, in dem er glaubt zu sein. Aber was soll ich beim Thema Tod schon mildern? Ich kann nur vermitteln, dass es für mich kein Tabuthema ist, dass ich damit umgehen kann, dass ich weiß, dass er es nicht wissen konnte. Es ist mir wichtig, dich zu erwähnen. Nicht um zu schockieren, sondern um zu erklären, warum ich vielfach andere Werte und Prioritäten habe, intensiver lebe, mehr reflektiere, bewusster bin im Umgang mit anderen, mit Sprache, mit Zeit. Du warst auf der Welt. Du hast uns bereichert, geformt, uns geprägt und uns verändert. Wenn das kein Lebenszeichen ist! Auch in diesen Begegnungen gibst du mir die Kraft, mich auseinander zu setzen, zuzulassen, anderen zu helfen, die Sprach- und Fassungslosigkeit zu überwinden. Bei aller Trauer und Bitterkeit möchte ich dich und diesen Lebensabschnitt mit dir nicht missen. Du wirst in der Veränderung, die du bewirkt hast und weiterhin bewirken wirst, weiterleben.

So unterschiedlich die Reaktionen sein mögen, ich weiß, dass sie, mögen sie in meiner Wahrnehmung teils unverständlich, teils beinahe unerträglich sein, so doch nicht böse gemeint sind. Man muss sich schon sehr stark mit der Situation des anderen identifizieren, sich in die Situation des anderen wirklich hineinversetzen, sich einlassen, um passende Worte zu finden, denn man kann sie nicht, wahrscheinlich nicht einmal zu einem Bruchteil, wirklich greifen. Und wenn man sie greifen könnte, könnte man sie als Außenstehender doch nicht begreifen.

Aus Angst, das vermeintliche Fettnäpfchen zu betreten bzw. einander zu nahe zu kommen, mit einem falschen verbalen Schritt eine imaginäre Schmerzgrenze zu überschreiten und dem Betroffenen weh zu tun, passiert es erst recht. Die (deutsche) Sprache lässt großen Spielraum für Fehlinterpretationen und Missverständnisse. Gerade in Zeiten einer solch enormen Angespanntheit lege auch ich vieles auf die Waagschale, was ich sonst in seinen Nuancen gar nicht so richtig wahrgenommen hätte. Auf einmal werden Zwischentöne hör- und spürbar, die sonst untergehen würden. Auf einmal sehe ich Reaktionen und Worte enger als unter anderen Umständen, weil ich den Maßstab meiner Richtschnur sehr, vielleicht zu fein ausgerichtet habe – aus Anspannung, aus Unkenntnis, aus Überraschung, aus Emotion und Betroffenheit, vielfach sicher auch einfach, weil die Distanz wieder einmal abhanden gekommen ist und die Sicht sich zu sehr auf die eigene Perspektive eingeschränkt hat.
Mit welchen Reaktionen kann ich umgehen, welche überraschen mich, welche erwischen mich auf dem falschen Fuß, welche finde ich unpassend oder geschmacklos? Oft höre ich, dass „wir uns nicht getraut haben, anzurufen“, dass „wir uns nicht getraut haben, zu fragen“. Die Trauer wird nicht größer oder unerträglicher, das Leiden nicht größer, wenn ich darauf angesprochen werde. Ganz im Gegenteil: Keinen Anteil zu nehmen, darüber hinwegzugehen und zur Tagesordnung überzugehen, tut noch viel mehr weh.

Ich führe hier exemplarisch einige Feststellungen an, um zu zeigen, wie scheinbar banale Aussagen und gut gemeinte Floskeln bei mir als Betroffene ankommen. Ich möchte anhand dieser Aussagen aufzeigen, bewusst machen, auf eine andere Perspektive hinweisen. Ich möchte dabei weder Personen noch ihre Reaktionen werten.

Als positiv habe ich folgende Aussagen erlebt. Sie sind meist einfach und nahe liegend und trotzdem fällt es sehr schwer, sie „einfach nur so", ohne Schnörkel, ohne Umschweife, ohne Milderungen auszusprechen:

> Es tut mir leid.
> Es muss schwer für euch sein.
> Ich habe an euch gedacht und mich gefragt, wie es euch wohl geht.
> Ich weiß nicht, was ich sagen soll.
> Wie geht es dir denn mit all dem?
> Möchtest du mir von deinem Baby erzählen?
> Wie kann ich etwas für dich tun?

Als positiv habe ich auch Briefe, selbst vorgedruckte Karten mit einer persönlichen Ergänzung empfunden, ein Zeichen, dass der Sender an mich, an uns denkt, ein Lebenszeichen in einer sehr einsamen Zeit, wenn die mündliche Kommunikation schwierig ist. Auch „keine Worte", einfach nur eine herzliche Umarmung empfinde ich als eine großartige Lösung, vor allem dann, wenn die Nachricht vollkommen überraschend und unvorbereitet kommt.

Zu den „weniger einfühlsamen“ Aussagen gehören für mich insbesondere folgende:

„Sie sind ja noch jung und können noch weitere Kinder haben.“ – Whow, beim ersten Mal bin ich vollkommen sprachlos. Wie kann er nur denken, dass die Möglichkeit, ein weiteres Kind zu haben, den Tod meiner kleine Anabel weniger tragisch macht! Er hat hoffentlich nicht geglaubt, mich damit trösten zu können. Was hat denn das eine mit dem anderen zu tun?

„Es ist ihr sicher viel erspart geblieben.“ – Ja, das weiß mein Kopf auch, aber mein Herz fühlt doch ganz anders. Und andererseits – wieso eigentlich? Wer weiß das denn? Auch das ist kein Trost!

„Sie hätte sich sicher nicht richtig entwickelt. Denken Sie doch an die Spätfolgen!“ – Ja, und wenn schon! Das macht es auch nicht besser. Ganz abgesehen davon, dass durch diese Aussage auch meine mütterliche Eitelkeit gekränkt wird. Mein Kind nicht gesund? Schwer behindert? Wir werden es nie wissen. Wieso soll ich mir darüber den Kopf zerbrechen, wenn wir es nie erfahren werden? Nur eines ist sicher: Tröstend ist auch so eine Aussage nicht, und darüber hinaus vollkommen entbehrlich.

„Ich weiß, wie es euch geht“, wenn derjenige dies noch nicht erlebt hat. Er oder sie hat keine Ahnung, kann keine Ahnung haben, was das bedeutet!

Was ich mir als Reaktion wünsche? Interesse hilft, hilft mir sehr, öffnet manchmal das Ventil, durch das meine Emotionen entweichen können. Verständnis. Aber wer kann schon wirklich verstehen?

Es gibt keinen Trost und keine tröstenden Worte, kaum tröstende Handlungen. Es bleibt die Realität, der wir uns stellen müssen.

Der Regen lässt faulen,
was eingepackt bleibt,
aber nicht das,
was offen liegt.

Die Erinnerung

Vier Wochen sind seit deinem Tod vergangen. Ich packe all deine Dokumente weg. Deine Geburtsurkunde, deine Sterbeurkunde, deine „erste Post“, in der uns deine Versicherungskarte zugesandt wurde, deinen Meldezettel. All das sind nunmehr Erinnerungsstücke. Wie schnell ein einfaches, nüchternes Amtsblatt an Wert, an Sentimentalität gewinnen kann.

Die Zeit vergeht und zerstört. Nur die Erinnerung bewahrt einmal Erlebtes. Ich kämpfe um diese Erinnerung. Wie schnell vieles verblasst und im Alltag untergeht. Immer wieder rufe ich mir ins Gedächtnis, welch großartige Persönlichkeit du warst und bist, wie viel Kraft du mir gibst und wie viel Tiefe mein Leben durch dich bekommen hat. Mein Leben ist trotz aller Trauer viel reicher, meine Liebe zu meinem Mann tiefer geworden, meine Lebensqualität hat zugenommen, weil ich mehr im Jetzt lebe, Augenblicke genieße, versuche, nicht ständig von einem zum nächsten zu hasten, mir Zeit nehme, mich mit mir und dir beschäftige. Erstaunlich, was alles in einem Tag Platz hat.

Heute wäre dein eigentlicher, rechnerischer Geburtstag. Beinahe drei Monate sind seit deiner Geburt vergangen. Ich lasse nochmals die letzten Monate Revue passieren. Die wunderbare Schwangerschaft. Die Untersuchung, die mir doch nur bestätigen sollte, dass du ein bisschen klein bist, aber sonst bei bester Gesundheit. Der Kaiserschnitt. Dieses entzückende kleine Mädchen. Anabel, ein Wunder. Die vielen schönen Stunden. Großartig! Die vielen Sorgen. Ich hatte ja keine Vorstellung. Die Krankengeschichte, ein Auf und Ab. Dein Tod. Die Diskussion mit der Pathologin. Deine großartigen Augen, wenn du mich angeblinzelt hast. Deine süßen kleinen Hände, deine zarte Haut. Ich besuche dein Grab.

Eindrucksvoll. Still. Leise Tränen. Herbstwetter – passend zur Stimmung.

Von einer Nahrungsmittelfirma erhalte ich ein Werbegeschenk mit deinem Namen darauf. Ich hatte vergessen, sie zu informieren.

Solche Momente, diese Erinnerungstage und Familienfeste helfen mir dabei, dich bei mir zu behalten. Meilensteine, einschneidende Tage. Sie geben Anlass, auf das Erlebte zurückzublicken und auf die Zeit, die seit deinem Tod vergangen ist, Anlass, über die Veränderungen, die du bewirkt hast, und über das, was du mir auf meinen Weg mitgegeben hast, zu reflektieren, über meine Prioritäten, meine neue Perspektive, meinen neuen Maßstab. Vieles, wenn nicht alles, hat sich relativiert, vor allem die Alltagssorgen privater wie beruflicher Natur. Ich möchte nicht sagen, dass alles andere unwichtig geworden wäre, jedoch tut diese Relativierung auch gut. Mein Ärger über Banalitäten lässt mich heute lächeln, weil ich ihn als Relikt aus meinem „alten" Leben erkenne. Viele Alltagssorgen, die andere haben, kann ich zwar nachvollziehen, aber meistens doch nicht mehr ganz so ernst und schwer nehmen. Du hast das Fadenkreuz meines Lebens neu justiert. Du hast mein Leben, mein Bewusstsein, meine Gefühle intensiver gemacht, sie bereichert – in jeder Hinsicht, positiv wie negativ. Du hast mir gezeigt, was Leben bedeutet.

Es ist ein Rückblick, der manchmal schmerzhaft, oft aber auch hilfreich ist, um Abstand zu gewinnen und Abstand zu behalten. Nur mit einer gewissen Distanz kann ich diesem Lebensabschnitt die positiven Seiten abgewinnen, die ich mit dir und deinem Dasein assoziieren möchte. Beim Besuch deines Grabes werde ich oft noch melancholisch. Wofür war all das gut? Das Wort „gut" ist mir im Zusammenhang mit deinem Tod immer noch fremd, und doch gehen wir davon aus, dass jede Erfahrung für etwas gut sein soll. Es ist ein wichtiger, ein heilsamer Prozess, wobei ich mich auch frage, was noch alles auf mich zukommen wird. Die Zeit heilt alle Wunden ... Das ging aber schnell. Oder ist erst die Oberfläche verheilt? Gärt etwas unter dieser Oberfläche, das irgendwann wie ein Vulkan ausbrechen wird? Müsste ich nicht depressiv sein? Bin ich emotionskalt, weil ich nicht in Depressionen lebe? Bin ich herzlos, weil ich meine Tochter gehen lassen konnte, weil ich den Ärzten zugestimmt habe, nicht noch weitere Therapien zu versuchen? Bin ich pervers, weil ich auch vieles an dir und an den vergangenen Wochen schön fand? Ich freue mich sogar, andere Kinder um mich zu haben, auch Babys. Ich freue mich wahnsinnig, als ich von einer lieben Freundin erfahre, dass sie schwanger ist. Aber werde ich je wieder in die Augen eines eigenen Kindes schauen können?

Jage nicht der Vergangenheit nach,
suche nicht nach der Zukunft.

Die Vergangenheit ist vorbei,
die Zukunft ist noch nicht da.

Werde ich je den Mut zu einer neuerlichen Schwangerschaft aufbringen? Werde ich ein Kind je bedingungslos lieben können, ohne dir gegenüber ein schlechtes Gewissen zu haben?

Muttertag, Vatertag. Sind wir nun auch betroffen von dieser „Marketing-Idee unserer Gärtner und Floristen", von Tagen, die bestimmt worden sind, um den Status der Elternschaft zu ehren? Auf uns wirkt das eher wie Häme. Das sprichwörtliche Salz reißt die frisch verheilten Wunden wieder ein wenig auf. Betrifft uns dieses Fest überhaupt? Wird irgendjemand anerkennen, dass wir Eltern sind? Erkennen wir selbst an, dass wir Eltern sind? Sind wir Eltern? Zeit ist vergangen. Zeit, in der wir wieder unser „unabhängiges" Leben in unserer kleinen Familie aufgenommen haben. Den Status der Elternschaft ehren, auch wenn sie noch so kurz war? Gilt die Zeiteinheit als Maßstab? Oder ist es doch die Liebe, die „Menge" der Liebe, die uns mit dir verbunden hat, die hier zählt? Natürlich sind wir Eltern, werden immer Eltern bleiben. Töchter und Söhne hören auch nicht auf, Töchter und Söhne zu sein, wenn ihre Eltern sterben. Aber wir werden uns wohl nicht an den herkömmlichen Erwartungen orientieren können. Natürlich wirst du uns an diesem Tag nie etwas Gebasteltes mit nach Hause, das Frühstück ans Bett oder den Blumenstrauß von der Wiese bringen. Wieder liegt es an uns, das Beste, nein, etwas Positives daraus zu machen. Wir nutzen den Tag, um die Erinnerung an dich aufzufrischen. Schon, dass du bei uns warst.

Weihnachtszeit. Für viele bedeutet sie Vorfreude auf Geschenke, auf ein schönes Fest, ein Familienfest, auf Zeit im Kreise der Familie. Das Weihnachtsfest steht für Hoffnung und Verheißung. Wie jedes Jahr wird es zu Weihnachten um Licht gehen, um Wärme und um Liebe, um Geburt, Neuanfang und Leben. Welch Widerspruch zu den Erlebnissen der letzten Monate. Ich habe ein mulmiges Gefühl.

Das Fest der Familie – ohne dich? Wie werde ich damit umgehen? Wie wird mein Mann damit umgehen? Und Caroline? Natürlich würde ich Weihnachten dieses Mal lieber auslassen. Aber deine Schwester hat ein Recht auf ihr Weihnachtsfest, trotz allem. Wir werden eine Kerze für dich anzünden und das Licht und die Wärme dieser Kerze an deiner statt genießen müssen.

Ich versuche, es zu nehmen, wie es ist. Dein Anblick auf dem Photo, das ich immer bei mir trage, erfüllt mich mit großer Freude. Freude, dich kennen gelernt zu haben. Freude, dich immer bei mir zu haben. Natürlich hätte ich dich lieber körperlich bei mir, aber so sollte es nicht sein. Ich hadere nicht mit dem Schicksal, suche am Himmel nach „deinem" Stern, erinnere mich daran, was du uns klar gemacht hast: Wir müssen das Jetzt genießen und das Beste daraus machen, auch wenn wir uns gerade „nicht so gut" fühlen, denn oft, so wie jetzt, sind es vor allem unsere Erwartungen, die nicht erfüllt werden.

Genau sechs Monate nach deinem Tod gehe ich zurück auf „unsere Station", die Neonatologie. Ich war davor schon einmal da, weil ich sowieso in der Nähe war, jedoch hatte ich vor der Türe kehrtgemacht. Der Mut hatte mich verlassen. Ich schaffte es einfach nicht, den ersten Schritt zu tun. Was würde mich erwarten? Würde ich es ertragen?

„Sechs Monate danach“ sind für mich ein guter Anlass, an den Ort zurückzukehren, wo ich so viele einprägsame Erlebnisse gehabt habe, wo ich meine Tochter auf die Welt gebracht, wo ich um ihr Leben gekämpft habe, wo ich sie letztlich habe gehen lassen müssen. Ich vereinbare keinen Termin, kündige mich nicht an. Den Tagesablauf kenne ich noch gut genug, und weiß, wann Besuch sinnvoll ist und wann ich stören würde. Ich stehe vor der Türe, zögere bei der Klingel, gebe mir einen Ruck. Die Herzlichkeit, mit der ich empfangen werde, überwältigt mich. Meine Emotionen auch. Tränen laufen über mein Gesicht. Einfach so. Aber ich habe gelernt, dazu zu stehen. Warum auch nicht? Ich darf zu deinem Platz, in „deine“ Ecke. Inzwischen liegt hier natürlich ein anderes Frühchen. Die süßen kleinen Arme und Beine. Wie es ihm wohl geht? Ob es ein ähnliches Schicksal erleiden wird wie du? Vielleicht und hoffentlich hat es Glück und kann bald ein „normales“, gesundes Leben führen. Ich wünsche es ihm von ganzem Herzen. Und seinen Eltern und seiner Familie. Vor allem, dass das Zittern bald ein Ende hat. Ich erzähle den Schwestern und Ärzten ein wenig von uns, dass es uns ganz gut geht, nicht zuletzt deshalb, weil wir uns großartig betreut fühlten, dass ich gerne etwas zurückgeben würde, was auch immer das sein könnte. Einige Schwestern bedanken sich für die Dankesbriefe und Photos, die ich ihnen und der Station geschickt habe, finden es gut, von mir zu hören, Anerkennung zu bekommen für die Leistungen, die sie täglich erbringen. Mir war es ein Bedürfnis, dies auch zum Ausdruck zu bringen.

Eine Freundin ruft mich an, erkundigt sich, wie es mir an diesem „Halbjahrestag“ geht. Ich bin nicht nur beeindruckt, sondern sehr bewegt, dass sie daran gedacht hat. Und überrascht – vor allem von mir selbst. Wie viel bedeutet es mir doch, dass dein Tod und meine Trauer anerkannt werden, dass diese Realität Realität bleibt.

Ein jegliches hat seine Zeit

...

weinen hat seine Zeit, lachen hat seine Zeit;
trauern hat seine Zeit, tanzen hat seine Zeit

Prediger 3,1-4

Neun Monate sind seit deiner Geburt vergangen. Ich blättere in deinem Photoalbum, lese ein paar Zeilen in meinem Tagebuch. Welche Intuition hat mich damals dazu bewegt, hautnah meine Erlebnisse und Eindrücke festzuhalten! Die Erinnerung vergilbt sehr schnell. Details entfallen mir und kommen erst beim Lesen wieder. Für unsere gemeinsame Zukunft gab es nur einen groben Entwurf. Geblieben ist vor allem eine große Veränderung bei mir, bei uns. Ich habe viel von dir und durch dich gelernt, von den Schwestern und Ärzten, von Freunden und Bekannten und über ihr Verhalten, über Menschen und wie wir miteinander umgehen während dieser schweren Wochen, vor allem aber danach. Darüber, wie unsere Gesellschaft mit dem Tod umgeht, bzw. wie sie das eben nicht tut. Über die Isolation, in die ich verfiel. Über Toleranz. Über Wertigkeiten. Über Zuhören und Verstehen. Über mich. Ich bin in meinen Alltag zurückgekehrt und doch auch nicht. Ich gehe meiner Arbeit nach, es macht mir Spaß, ich treffe Freunde und gehe aus. Aber es ist anders. Was bisher wichtig schien, ist es nicht mehr, hat seine Wertigkeit verloren oder verändert, Prioritäten haben sich verschoben. Probleme im Job haben ein anderes Gewicht bekommen. Der Umgang mit den Mitmenschen ist anders. Der Umgang innerhalb unserer Familie ist anders. Wie? Schwer zu sagen. Tiefgründiger, verständnisvoller, menschlicher. In welcher Spaßgesellschaft wir leben! Dies ist kein Vorwurf. Ganz im Gegenteil. Welch Privileg, dass ich in einer Gesellschaft leben darf, die jung, dynamisch, gesund und lebenslustig ist. Aber ich möchte die neue Komponente in meinem Leben nicht missen. Das Bewusstsein, dass all dies nicht selbstverständlich ist, sondern ein sehr, sehr wertvolles Geschenk, macht die Tatsache umso bereichernder.

Eines Tages bekomme ich einen Brief von einer der Schwestern, die dich vorwiegend in der Nacht betreut hatte. Ich freue mich, bin erstaunt. Sie war großartig, nicht nur fachlich, sondern vor allem menschlich. Ich hatte immer ein gutes Gefühl, wenn ich von dir nach Hause ging und wusste, dass sie wieder Dienst hatte. Ich wusste, dass du im wahrsten Sinne des Wortes in besten Händen warst. Sie hatte dich wie ihr eigenes Kind lieb gewonnen. Was muss sie empfunden haben, als sie nach deinem Tod zum ersten Mal wieder in den Dienst kam, und feststellen musste, dass du inzwischen und für immer weggebracht worden warst? Ich habe ein furchtbar schlechtes Gewissen. Auch ich bin unsicher im Umgang mit anderen. Den Schwestern, die am Abend deines Todes Dienst hatten und für uns und Anabel „zuständig" waren, habe ich eine Karte mit einem Photo von dir gesandt. Bei den Ärzten habe ich mich bedankt. Der Station habe ich ein Andenken geschickt, weil es mir ein Anliegen und ein Bedürfnis war. Und ausgerechnet bei dieser Schwester hatte ich nicht den Mut, war unsicher, wollte nicht verletzen, mich nicht aufdrängen. Sie tat auch hier Großartiges, hat die Initiative ergriffen, mir geholfen, ihr beim Abschiednehmen zu helfen. Ich schicke ihr in großer Dankbarkeit eine Karte mit Photos von Anabel und einen Brief und bitte um Entschuldigung.

Gut, daran erinnert zu werden, dass Abschiednehmen GANZ wichtig ist.

Bald wird in unserer neuen Zeitrechnung ein Jahr vergangen sein. Haben wir mit dir und deinem Tod auch unseren Wunsch nach einem weiteren Kind begraben? Der Gedanke, kein eigenes, lebendes Kind zu haben, stimmt mich traurig. Aber der Gedanke, eine neuerliche Frühgeburt zu haben oder auch nur das Risiko einer neuerlichen Frühgeburt einzugehen, das Risiko, nochmals viele Wochen auf der Neonatologie zu verbringen, nochmals diese Achterbahn der Emotionen ertragen zu müssen, schreckt mich ab. Vielleicht müsste ich dann sogar nochmals mein eigenes Kind begraben. Noch einmal würde ich die Kraft dafür wahrscheinlich nicht aufbringen können. Oder doch?

Rational und relativ emotionslos betrachtet, müsste ich bei einer neuerlichen Schwangerschaft eigentlich „nur" die 24. bis 30. Woche durchstehen. Eine Frühgeburt vor der 24. Woche hat keine realistischen Chancen zu überleben und nach der 30. Woche sollte das Baby gut lebensfähig sein. Ein sehr einfacher und abstrakter Ansatz, nur nicht wirklich überzeugend. Natürlich weiß ich auch, dass jede Schwangerschaft anders ist. Die Gründe und Ursachen für eine Frühgeburt sind so vielfältig, dass die Wahrscheinlichkeit, dass ausgerechnet mir das Gleiche noch mal passiert, sehr gering ist. Auch präventiv kann einiges gemacht werden. Trotz aller Ratio bleibt mein Kinderwunsch aber nicht nur von Emotionen, von meinen Erfahrungen, von der Angst, nochmals eine Frühgeburt zu haben, geprägt. Wie würde ich mit einem weiteren Kind umgehen? Würde ich zur überbehütenden, übervorsichtigen, hysterischen Mutter, zur „Glucke" werden, die ihre eigenen Ängste, dass auch diesem Kind etwas zustoßen könnte, auf das Kind projiziert? Könnte ich das verantworten? Und was ist dann mit dir: Ist eine neuerliche Schwangerschaft nicht ein Verrat an dir? Ich kann dich nicht einfach durch ein Geschwister ersetzen. Würde ich dich ersetzen?

Natürlich nicht. Anabel, du bist unersetzlich und wirst es immer bleiben.

Schon ist ein ganzes Jahr ist vergangen. Heute ist dein erster Geburtstag, heute wärst du ein Jahr alt geworden. Du hättest vielleicht schon „Papa“ gesagt, hättest vielleicht schon deinen ersten Schritt gemacht, wir würden Photos von dir und deiner ersten Kerze auf deiner ersten Geburtstagstorte machen, wir würden „Happy Birthday“ für dich singen, wir würden zurückdenken und ... Wir denken zurück. Es ist einer dieser „ersten“ Tage, aber es ist wohl der letzte dieser Reihe, denn das Jahr ist um. Bis auf deinen ersten Todestag haben wir alle „ersten“ Tage hinter uns gebracht, haben viele dieser Anlässe dazu genutzt, zu reflektieren, nachzudenken über deinen Auftrag, über unser Leben vor dir und unser Leben nach dir und mit dir. Ja, es bleibt ein „mit dir“, auch wenn es ein anderes Miteinander ist. Nicht besser oder schlechter, anders.

Ein Jahr ist eine lange Zeit. Müsste ich abgeschlossen haben und aufgebrochen sein zu Neuem? Müsste ich dich „ruhen lassen in Frieden“? Kommst du etwa nicht zur Ruhe, weil ich so viel an dich denke? Komme ich nicht zur Ruhe? Ich bin glücklich, auch, oder vielleicht gerade, weil ich an dich denke, positiv, schön. Ja, inzwischen finde ich es schön. Ich konnte und kann aus deinem Tod Kraft schöpfen, Kraft für einen neuen Anfang, für ein neues Leben. Wenn ich die Photos von dir ansehe, sehe ich in dir nicht mehr die Schläuche, rieche nicht mehr die Desinfektionsmittel der Intensivstation, spüre nicht mehr Tod und Trauer. Ich sehe in dir die Veränderung, die Bereicherung, habe viele positive Assoziationen. Die weiche, warme Haut deiner Arme. Deine großartigen Augen. Deine friedliche Ausstrahlung. Deine Stille. Deine Ruhe. Du hast uns gezeigt, wie das Leben auch sein kann, ein schmerzhaftes Leben, ein schweres Schicksal, das selbst vor einem so kleinen, hilflosen Menschen wie dir nicht zurückschreckt. Du hast uns die vielen schwierigen Seiten des Lebens bewusst gemacht, hast diese aber auch relativiert. Du erinnerst uns daran, nichts als selbstverständlich hinzunehmen und das Positive zu schätzen. Den wärmenden Sonnenstrahl, den du selbst nie spüren konntest, die Unabhängigkeit von medizinischen Geräten. Du gibst mir Kraft, immer noch und immer wieder. Das Leben ist nicht gerecht, aber die Kraft überwiegt.

In dem Jahr, das seit deinem Tod vergangen ist, hat mein Tagebuch sich zu einem kleinen Büchlein entwickelt. Ich habe durch dich festgestellt, wie viel Spaß mir das Schreiben bereitet.

Seit einigen Wochen weiß ich auch, dass du im Sommer, wenn alles gut geht, einen kleinen Bruder bekommen wirst. Schon vor einigen Monaten hatten mein Mann und ich nach langem Zögern beschlossen, es noch einmal zu versuchen, noch einmal den Mut zu einer Schwangerschaft aufzubringen. Intensiv hatten wir abgewogen, hatten Ja gesagt und doch wieder Nein, hatten es versucht, wollten wieder aufgeben, weil es nicht „sofort" klappte, wurden neuerlich verunsichert ...

Erst nach deinem ersten Geburtstag war ich selbst davon überzeugt, dass ich es nochmals versuchen wollte. Erst ein Jahr nach deinem Tod fühlte ich mich tatsächlich „empfangsbereit", bereit ein weiteres Kind, ein weiteres Geschwister von euch, von Caroline und Anabel, zu empfangen. Kaum zwei Wochen nach deinem ersten Todestag muss ich schwanger geworden sein. Wieder einmal überrascht mich die menschliche Natur, die Kraft der Psyche.

Natürlich hoffe ich, dass alles gut geht. Natürlich schwingt die Sorge mit, dass wir mit deinem Geschwister wieder auf der Neonatologie enden könnten, natürlich hoffe ich bei jeder Untersuchung, dass vor allem das Wachstum unseres Babys „normal" ist. Aber vor allem freuen wir uns über dieses großartige Geschenk!

Nichts ist selbstverständlich.

Was zu sagen bleibt

Es gibt viele Möglichkeiten, mit den aufgeworfenen Themen, insbesondere dem Tod umzugehen. An dieser Stelle will ich ein ganz persönliches Resümee ziehen und einige Punkte zusammenfassen, die MIR unter meinen spezifischen Lebensumständen und meiner individuellen Vorgeschichte als wesentlich erschienen, Punkte, die sich bei uns bewährt haben. Dies sowohl für mein „Leben" als Mutter auf der Intensivstation der Neonatologie als auch im Umgang mit dem Tod meines Kindes, im Umgang mit meiner Familie und meiner Umgebung. Ich schreibe dieses Resümee aus der Perspektive einer Mutter, die das Glück hatte, dass ihr Kind in einem sehr modernen Spital auf die Welt kam und die dortige Abteilung der Neonatologie sehr moderne Ansätze bei der medizinischen Versorgung hat. Moderne Ansätze auch dabei, wie wir Eltern in die Versorgung und Behandlung unseres Kindes einbezogen wurden, wie wir Eltern nicht nur während des Aufenthaltes auf der Neonatologie, sondern insbesondere beim Abschiednehmen betreut wurden. Dies alles ist nicht selbstverständlich.

Für Freunde und Verwandte

Begleiten in der Krise und in der Trauer bedeutet, dem Betroffenen auf seinem Weg zu folgen, da zu sein, zuzuhören und sich Zeit zu nehmen. Er kann nur selbst entscheiden, welchen Weg er gehen möchte und wie er ihn gestalten will. Weder für Betroffene noch für den Begleiter gibt es ein Patentrezept, kann und soll es gar nicht geben. Als Freund oder Verwandter wandeln Sie auf einem sehr schmalen Grat. Jeder Betroffene reagiert anders, hat andere Erwartungen und andere Bedürfnisse. Mütter, Väter und Geschwister gehen unterschiedlich mit dem Erlebten und ihren Emotionen um. Auch wenn sie eine Familie sind und alle das Gleiche erleben, erlebt es jeder doch anders, nimmt es anders wahr. Ihre Sensibilität, Ihre Flexibilität und Ihre Fähigkeit, sich diesen unterschiedlichen Bedürfnissen anzupassen, sind gefordert. Eines halte ich aber für entscheidend: Gehen Sie auf die Betroffenen zu, seien Sie dabei aber bereit ein „Nein", ein abgeschaltetes Telefon oder eine geschlossene Türe zu akzeptieren, ohne das Gefühl der Resignation oder des Beleidigt-Seins zu vermitteln. In der Regel ist es nur eine Frage des richtigen Zeitpunkts. Den Betroffenen fällt es gerade jetzt selbst schwer, um Hilfe oder um ein Gespräch zu bitten. Sie wollen sich nicht aufdrängen in einer Zeit, in der sie „nicht gut drauf sind" und nicht zu den unterhaltsamsten Zeitgenossen zählen. Sie wollen sich nicht aufdrängen, weil sie wissen, dass sie damit andere unweigerlich auch mit dem Thema des Todes konfrontieren. Dabei ist gerade jetzt der zwischenmenschliche Kontakt, die Kommunikation wichtig. Nicht um Mitleid zu erhaschen, oder um getröstet zu werden, sondern um die Erfahrung zu teilen, über Dinge sprechen zu können, Erlebtes „loszuwerden".

Liebe Freunde und Bekannte! Zeigen Sie Interesse, vermitteln Sie Anteilnahme, signalisieren Sie dem Betroffenen, dass Sie Zeit haben und bereit sind, sich mit diesen Themen auseinander zu setzen. Sprechen Sie dem Betroffenen Mut zu, sich der Emotion, der Trauer und dem Tod zu stellen. Es ist kein zusätzliches Salz, das Sie in die Wunde streuen, sondern höchstens ein Desinfektionsmittel, das am Anfang ein wenig brennen mag, dabei aber die Wunde reinigt. Wie beim Ausheilen eines tiefen Schnitts, wo Blut und Eiter austreten können und müssen, bevor die Haut darüber zuwächst, muss auch bei dieser „Verletzung“ die Trauer ausgedrückt, angesprochen, freigesetzt werden können.

Zum „Wie“ gibt es viele Möglichkeiten, auch Ratgeber, die Ideen liefern. Was für einen selbst das richtige Medium ist, muss jeder selbst herausfinden. Sie, als Freund, können Anstoß dazu geben und Mut machen, sich der Auseinandersetzung zu stellen. Oft sind es Kleinigkeiten, die diesen Anstoß geben. Ein einschlägiges Buch, ein Anruf oder eine Karte an einem der vielen „Erinnerungstage“, dem wirklichen Geburtstag, ein Monat oder sechs Monate nach dem Tod. Auch nach einem Jahr ist es nicht zu spät. Auch nicht nach eineinhalb Jahren.

Für Geschwister

Für Geschwister sind diese Erfahrungen von der Geburt über die Intensivstation bis zum Tod eine große Herausforderung. Was geht in ihnen vor? Wie nehmen sie all diese Eindrücke wahr? Wir Eltern und Erwachsenen müssen die Gefühle dieser Kinder in jedem Fall ernst nehmen, auf ihre Emotionen eingehen und dabei genau differenzieren, wie sie die Situation auf- und wahrnehmen, bzw. wie wir glauben, dass sie sie wahrnehmen.

Zunächst kommen sie zu kurz, während die Eltern viele Stunden auf der Intensivstation verbringen. Manchmal sind die Eltern physisch abwesend, weil es auch bei der Mutter Komplikationen gab oder die Neonatologie zu weit entfernt ist, um täglich nach Hause zu kommen. Dann müssen sie kurzfristig zu Großeltern oder Betreuern ausweichen. Sie fühlen sich benachteiligt und zurückgesetzt. Wenn die Eltern zu Hause und aus Sorge um das kleine Geschwisterchen traurig, unzugänglich, reizbar, schlecht gelaunt oder einfach nur geistig abwesend sind, nehmen sie das vielleicht persönlich, suchen die Ursache bei sich. Wenn die Geschwister nicht die ganze Wahrheit erfahren oder das Gefühl haben, dass das der Fall ist, fühlen sie sich ausgegrenzt und nicht ernst genommen. Schließlich sind sie verschreckt, vielleicht verängstigt, wenn sie auf die Intensivstation mitkommen, bis sie die Eindrücke von den vielen Geräten, Schläuchen, den permanenten Alarmen und dem Anblick des Geschwisterchens, das vor allem bei Infektionen nicht das süße kleine Baby ist, verarbeitet haben. Kaum haben sie sich daran gewöhnt, ein Geschwisterchen zu haben, müssen sie sich im Falle des Todes schon wieder davon verabschieden. Dabei verlieren Kinder nicht nur einen Bruder oder eine Schwester. Sie müssen auch verstehen, dass und warum sich ihre Eltern verändert haben. All das müssen wir ihnen erklären und es mit ihnen besprechen. Ich möchte hier nicht zu sehr vereinfachen, denn auch für Kinder gilt: Jedes Kind ist anders, jedes Alter erfordert einen adäquaten Umgang. So konnten wir bei den Kindern unserer Freunde feststellen, dass jüngere Kinder vor allem mit dem Tod wesentlich leichter und natürlicher umgehen oder, soweit wir das jetzt schon sagen können, umzugehen scheinen als Teenager oder Erwachsene. Sie haben noch kein Zeitgefühl, leben im Jetzt, finden erstaunliche Antworten für sich selbst, so wie die folgende eines Achtjährigen:

„Wahrscheinlich hat sich der liebe Gott geirrt. Eigentlich wollte er die Anabel gar nicht auf die Erde schicken und hat sie sich gleich wieder geholt.“

Kinder haben das Recht, auf ihre Fragen Antworten zu bekommen. Kinder, vor allem kleinere Kinder, fragen gezielt und solange es für sie verkraftbar ist. Erklärt man zuviel, werden sie unaufmerksam oder schwenken auf andere Themen um.

Solche Erfahrungen haben uns in unserer Überzeugung bestärkt, dass Offenheit und Ehrlichkeit wesentlich sind. Denn auch bei uns hatte sich große Unsicherheit breitgemacht. Oft haben wir uns gefragt, wie wir Anabels Schwester Caroline, ein Teenager, mit all den Nachrichten, vor allem den schlechten, konfrontieren sollten. In aller Brutalität der Realität? Schonungsvoll mit der Vorenthaltung von Tatsachen? Oder mit einer gemilderten Darstellung? Wie viele Details sollten wir ihr schildern? Sollten wir von jeder kleinen Verschlechterung gleich erzählen?

Die vielen Eindrücke und Erlebnisse hatten uns einander sehr viel näher gebracht. Wir wollten dieses Vertrauensverhältnis zu ihr nicht gefährden oder beeinträchtigen, indem wir ihr nur „die halbe Wahrheit“ sagten und glaubten, Vertrauen mit „Schonung“ aufwiegen zu können. Wir haben sie daher bewusst einbezogen und ihr Gelegenheit gegeben, so wie wir, der Wahrheit ins Auge zu sehen. Sie war, wann immer sie konnte und wollte, mit im Spital dabei. Sie durfte Anabel selbstverständlich genauso streicheln und pflegen wie wir. Gerne hätten wir die beiden miteinander „kangoroon“ lassen, wozu es aber leider nicht mehr kam. Sie war auf der Intensivstation genauso wie am Grab und beim Begräbnis dabei. Wir haben uns viel Zeit für sie genommen, haben das Gespräch teilweise gesucht, teilweise nur angeboten. Wir haben versucht, ihr das Gefühl zu vermitteln und das auch ausgesprochen, dass Anabel für uns kein Tabu ist, dass wir jederzeit von Anabel sprechen können, dass wir Anabel weiterhin lieben und sie genauso immer unsere Tochter bleiben wird. Auch heute ergeben sich immer wieder spontan Gespräche zu unseren Erlebnissen. Die Offenheit und Ehrlichkeit auch im Umgang mit schlechten Nachrichten hat uns allen gut getan und auf längere Sicht vieles erleichtert. Ein Nein bleibt ein Nein. Ein Nein wird nicht schöner oder besser, wenn man es netter verpackt. Es bleibt ein Nein. Genauso bleiben auch Krankheiten und der Tod eine Tatsache. Das klingt brutal. Aus meiner Erfahrung kann ich nur sagen, es klingt nicht nur brutal, es ist brutal.

Wir haben aus unseren Erfahrungen Positives schöpfen können, nicht weil wir so „cool“ sind, wie unsere Tochter sagen würde, oder weil wir wussten, wie man sich verhalten sollte. Ganz im Gegenteil. Auch für uns war es zum Glück eine erstmalige Erfahrung. Auch wir mussten unserer Intuition, unserem Gefühl und dem Rat von Fachleuten folgen. Wir haben uns aneinander festgehalten, ohne einander zu erdrücken, wir haben uns gegenseitig gestützt, ohne uns aufeinander zu lehnen. Wir haben uns dabei bemüht, Respekt und Abstand zu wahren. Respekt dafür, dass jeder anders mit dieser Herausforderung umgeht und anders zu seiner individuellen, persönlichen Lösung kommt. Und Abstand, da bei aller Nähe und bei allem „Füreinander-Dasein“ jeder auch seinen Freiraum braucht, einmal „nicht gut drauf zu sein“ oder kommentarlos allein sein zu wollen. Wir haben uns bemüht, Offenheit zu bewahren, auf den anderen zuzugehen und ehrlich einzugestehen, darüber sprechen zu wollen oder eben nicht, und dabei auch zu respektieren, wenn der andere vielleicht gerade nicht in der Stimmung dafür ist.

Für Eltern

Auch wenn ich mich wiederhole: Ein Erfolgsgeheimnis gibt es nicht. Sie müssen sich selbst überlegen, was Ihnen wichtig ist, was Ihnen gerade gut tut oder wonach Ihnen gerade nicht ist. Sie müssen den Mut aufbringen, das zu artikulieren und auch mal Nein zu sagen, zugleich aber auch den Mut dafür aufbringen, über den eigenen Schatten zu springen, um sich zur Ehrlichkeit zu überwinden und zur Toleranz. Beides ist kurzfristig oft nicht angenehm, kann schwierig, manchmal auch schmerzhaft sein.

In der Klinik

Wir hatten das große Glück, in einer sehr modernen Klinik zu sein. Wäre ich heute nochmals in der gleichen Situation, würde ich darauf höchsten Wert legen. Ich würde sogar eine größere geographische Distanz in Kauf nehmen, um für diesen möglicherweise und vergleichsweise kurzen Zeitraum die besten Bedingungen für mein Kind und uns als Eltern zu bekommen. Ich weiß jedoch, dass das manchmal leichter gesagt ist als getan, vor allem wenn Geschwister da sind, die auch betreut werden müssen. Dann wird die Nähe zum Heimatort sicher ein ebenso wichtiges Kriterium darstellen. Oft stellt sich das Thema auch gar nicht, weil das Frühchen aus gesundheitlichen Gründen nicht verlegt werden kann oder aber auch ganz simpel deshalb, weil Vergleich und Erfahrung fehlen und andere Sorgen im Vordergrund stehen.

Pochen Sie auf Ihr Recht, zu erfahren, zu wissen und vor allem zu verstehen, was mit Ihrem Kind los ist, wie und womit es behandelt wird, welche Alternativen es gibt. Fragen Sie nach, hinterfragen Sie. Je besser Sie verstehen, desto leichter ist die Situation für Sie zu ertragen, ist der Zustand Ihres Kindes einschätzbar und auch das Risiko, wenn Sie es für die nächste Nacht auf der Station zurücklassen. Klären Sie sich auf bzw. lassen Sie sich aufklären. Sie haben ein Recht darauf. Sie sind zwar wahrscheinlich wie ich medizinischer Laie, aber immerhin vertrauen Sie den Ärzten und Schwestern das Kostbarste an, was Sie haben – Ihr Kind. Wer soll da Ihre Rechte in Frage stellen?

Suchen Sie sich die besten Ärzte, die Sie bekommen können. Holen Sie eine zweite Meinung ein, wenn Sie sich unsicher sind. Auch wenn das bei den behandelnden Ärzten oft nicht gut ankommt. Es ist Ihr Kind. Und wenn es nur um einen sehr egoistischen Ansatz geht: Sie müssen verhindern, sich später den Vorwurf machen zu können, dass Sie nicht alles in Ihrer Macht stehende zum Wohl Ihres Kindes unternommen haben.

Versuchen Sie, sich der Bedeutung von Ritualen, Erinnerungsstücken und der Entscheidungen, die Sie zu treffen haben, bewusst zu werden. Nur dann können Sie Chancen rechtzeitig nutzen. Bringen Sie Wünsche, derer Sie sich jetzt erst klar werden oder die Sie sich vielleicht nicht eingestehen möchten, weil sie Ihnen merkwürdig oder unmöglich vorkommen, zum Ausdruck. Gleich! Denn später ist es vielleicht zu spät.

Nehmen Sie sich so viel Zeit, wie Sie können, denn Sie wissen nicht, wie viel Zeit Ihnen für Ihr Kind bleibt. Als Mutter sind Sie noch einige Zeit im Mutterschutz und dann vielleicht in Karenz. Als Vater sind Sie nicht krank und haben nur beschränkt Urlaub. Sie werden daher auf das Wohlwollen Ihres Arbeitgebers angewiesen sein und an sein Verständnis für diese Ausnahmesituation appellieren müssen. Sie haben die Mehrfachbelastung, Ihrer Arbeit nachzukommen, um Ihren Arbeitsplatz nicht aufs Spiel zu setzen, und Ihre Kinder zu versorgen, während sich Ihre Frau oder Partnerin im Spital befindet. Vielleicht müssen Sie sich sogar um die Mutter Ihres Kindes Sorgen machen, die selbst noch unter Nebenwirkungen oder Komplikationen der Geburt leidet. Das zu verkraften, braucht Zeit und Energie.

In der Sterbephase

„Die Wahrheit ist ein Traum und nicht einmal ein schöner", sagte Nietzsche. Die bittere Realität ist eingetreten. Was wir alle wissen, nämlich dass zum Leben auch der Tod gehört, trifft nun direkt ins Herz. Wenn Sie bisher Schwierigkeiten hatten, sich die Zeit zu nehmen, die Sie gerne gehabt hätten: Tun Sie es jetzt! Nehmen Sie sich alle Zeit, die Sie können und ertragen. Alle Zeit, die Sie können, deshalb, weil es Ihre einzige und letzte Chance ist, Zeit mit Ihrem Kind zu verbringen. Diese Stunden, Minuten, ja Sekunden kommen nie wieder, sind unwiederbringlich vorbei, wenn Sie die Zeit jetzt nicht nutzen. Nehmen Sie sich aber auch alle Zeit, die Sie ertragen können, und seien Sie dabei ehrlich zu sich selbst. Auch Sie haben noch ein eigenes Leben. Die Monate auf der Intensivstation und die Tage, von denen Sie wissen, dass es für Ihr Kind kein Überleben mehr gibt, werden Sie auszehren. Sie sind selbst wahrscheinlich schon am Limit angekommen, können vielfach selbst nicht mehr.

Ich habe mir Zeit genommen. Zeit mit Anabel, Zeit, um bei ihr nachzudenken, über ihr Leben, über mein Leben, über die Ungerechtigkeit, über meine Zukunft, über die Liebe, die sie mir geschenkt hat, über meine Gefühle, die ich nicht hinunterschlucken wollte, Zeit für viele Tränen, die ich bewusst geweint habe. Keiner dieser Tränen habe ich mich geschämt. Warum auch? Ich habe mir Zeit genommen, wollte, musste einfach dabei und bei ihr sein, wenn sie geht. Zeit, Abschied zu nehmen, sie gehen zu lassen. Zeit, dies alles zu realisieren, und letztendlich Zeit, ihr das Gefühl zu vermitteln, dass ich sie verstehe. Zeit, selbst zu realisieren, dass ich für jede Minute, die sie bei uns war, dankbar bin und froh, dass sie überhaupt da war. Es war ein langer, harter Prozess, aber jede Minute hat sich gelohnt.

Beim Abschied

Für den Abschied und die Erinnerung zählen letztendlich vor allem die vielen Kleinigkeiten, die unter diesen Umständen noch viel weniger Bedeutung zu haben scheinen als sonst, die langfristig aber viel wesentlicher sind, als ich es mir gedacht hatte. Es sind Erinnerungsstücke, die, im Nachhinein betrachtet, immer zu wenig und zu wenige sein werden, weil sie die fehlenden gemeinsamen Erlebnisse aufwiegen müssen. Wenn ein älterer Mensch stirbt, gibt es Gegenstände, Photos, Briefe und Kleidungsstücke, die mit Erinnerungen an den Verstorbenen verbunden sind. Ganz anders ist es im Fall eines Babys, das seinen Inkubator nie verlassen hat. Wir können nicht sagen: „Weißt du noch, wie Anabel zum erstem Mal … hat?" Umso wichtiger ist es, Erinnerungsstücke „zu schaffen", das Kuscheltier, die Haube, vielleicht eine kleine Decke und vor allem Photos, die man sich immer wieder ansehen kann. Solche Erinnerungsstücke erleichtern später den Umgang mit dem Tod und der Trauer. Aus heutiger Sicht würde ich zum Beispiel zwei Stofftiere in den Inkubator geben. So kann im

Todesfall eines beim Kind bleiben und eines als Erinnerung bei uns. Ich würde auch viel mehr Photos machen, um die Erinnerungen besser bewahren zu können, auch wenn es nichts „Neues“ zu photographieren gibt. Neben Erinnerungsstücken für uns würde ich versuchen, enge Freunde mehr einzubinden, ihnen die Möglichkeit zu geben, mit eigenen Augen zu sehen, weil dadurch die Realität besser und leichter zu begreifen und zu bewältigen wird. Am Anfang ist für einen selbst alles neu, alles aufregend. Man ist voll damit beschäftigt, all diese Eindrücke zu verarbeiten. Für Besucher scheint keine Zeit zu bleiben. Geben Sie engen Freunden trotzdem die Möglichkeit, Ihr Baby zu besuchen. Jeder wird Verständnis haben, wenn Sie den Besuch kurzfristig absagen müssen, weil eine Untersuchung anberaumt oder eine Verschlechterung des Gesundheitszustandes eingetreten ist.

So skeptisch ich den Begräbnis-„feierlichkeiten“ vorher gegenüberstand, rückblickend gesehen, halte ich sie für einen wichtigen Bestandteil des Verarbeitungsprozesses. Es ist wichtig, in einem Ritual oder einer Zeremonie das körperliche Ende festzuhalten und „auszuleben“, und dem Leben einen würdigen Abschluss zu geben. Ich selbst hatte diesen Abschluss im Wesentlichen bereits im Spital vollzogen, trotzdem war dieses sichtbare Zeichen ein wichtiger Schlusspunkt. Außerdem muss engen Freunden, Schwestern und Ärzten, die sich emotional sehr mit den von ihnen betreuten Frühchen identifizieren, eine Möglichkeit gegeben werden, sich zu verabschieden. Die Bedeutung, Letzteres zuzulassen und auch Nicht-Familienmitglieder in das Begräbnis einzubeziehen, war mir in der unmittelbaren Situation nicht bewusst, und ich hatte sie unterschätzt. Als ich dies viele Wochen später verstand, war es leider zu spät.

Was soll das, was du tust?
Als das Kind lebte,
hast du gefastet und geweint;
nun es aber gestorben ist,
stehst du auf und isst?

Er sprach:
Als das Kind noch lebte, fastete ich und weinte;
denn ich dachte: Wer weiß, ob mir der HERR
nicht gnädig wird und das Kind am Leben bleibt.
Nun es aber tot ist, was soll ich fasten?
Kann ich es wieder zurückholen?

Ich werde wohl zu ihm fahren;
es kommt aber nicht wieder zu mir zurück.

(2 Samuel 12,21-23)

Welchen weiteren Weg Sie gehen und wie Sie ihn beschreiten und gestalten wollen, müssen Sie selbst entscheiden. Wie Sie zu Ihrer Entscheidung kommen, hängt ebenfalls sehr stark von Ihnen selbst ab. Sie müssen es wollen.

Was MIR geholfen hat, will ich so zusammenfassen:

- Ich habe das „Schicksal“ zugelassen und akzeptiert und nicht mit ihm gehadert.
- Ich habe akzeptiert, dass das Leben nicht fair ist.
- Ich habe nicht verdrängt, sondern die Realität angenommen, so wie sie sich mir präsentiert hat.
- Ich habe meine Gefühle zugelassen, Gefühle, die mir vielfach neu, teilweise fremd waren.
- Ich habe versucht, mir bewusst zu machen, was in und mit mir passiert.
- Ich habe mir Zeit genommen, mich zu verabschieden, und zum Glück Zeit bekommen.
- Ich habe mir Menschen gesucht, die mich verstehen und mir Kraft geben, und Menschen gemieden, die mir Kraft rauben.
- Ich habe bewusst Verständnis für die Reaktionen meiner Mitmenschen aufgebracht. Es ist eine Situation, in der wir, zum Glück, alle ungeübt sind.
- Ich denke oft an dich, nehme mir Zeit zu reflektieren, überlege, welchen Sinn dein kurzer Besuch wohl gehabt haben sollte.
- Ich assoziiere dich mit so viel Schönem und Positivem, und möchte unser kurzes gemeinsames Leben und seine Auswirkungen nicht missen.

Anabel,

Du hast mir nicht nur Gelegenheit und Anstoß zur Reflexion gegeben, Du hast mich förmlich dazu gezwungen, und ich nehme das als positiv an.

Du hast mich dazu veranlasst, mich mit Themen auseinander zu setzen, über die ich sonst nicht in der Form und Intensität nachgedacht hätte. Du hast mir Fragen gestellt, bzw. mich dazu gebracht, mir Fragen zu stellen, die ich mir sonst nicht in dieser Form gestellt hätte. Du hältst mich dazu an, nach Antworten zu suchen und durch dieses Suchen immer tiefer einzudringen in das Leben, zu Erkenntnissen über mich, mein Leben, meine Beziehung, meinen Körper, meine Lebenseinstellung, meine Prioritäten, und zu Meinungen zu kommen, die ich in dieser Tiefe nicht erzielt und nicht in dieser Konsequenz gesucht hätte.

Vielen Dank!

Mein Lebensmotto: TROTZDEM.

Dank

Herzlichen Dank meinem Mann, seiner/unserer älteren Tochter Caroline, den Ärzten, Schwestern und Pflegern des Allgemeinen Krankenhauses in Wien, unseren Freunden, die immer für uns da waren, zu jeder Tages- und Nachtzeit und auf vielen Kontinenten, Sylvia, ohne die ich nie die Idee und schon gar nicht den Mut gehabt hätte, diese sehr persönlichen Zeilen zu veröffentlichen, und Prof. Schulenburg, der den Kontakt zu Frau Dr. Walter beim Herder Verlag hergestellt hat.

Unser besonderer Dank gilt dem Allgemeinen Krankenhaus der Stadt Wien, der Universitätsklinik für Kinder- und Jugendheilkunde, der Neugeborenen-Intensivstation Ebene 9c unter der Leitung von Prof. Dr. A. Pollak.

Prof. Pollak, Prof. Hayde, Dr. Birnbacher, Dr. Horcher, Dr. Rohrmeister, Dr. Lubec, Dr. Schwind, Dr. Bruse, Dr. Messerschmidt, Dr. Repa, Schwester Erna, Schwester Kerstin, Schwester Tanja, Schwester Martina und Mag. Panagl.

Sowie der Universitätsklinik für Frauenheilkunde, Klin. Abteilung für Gynäkologie und Geburtshilfe Prof. Leodolter, Prof. Bernaschek und Prof. Bettelheim.

Literaturempfehlungen

Gelesen und für gut befunden:

Garbe, Werner: Das Frühchen Buch, Thieme 2004.

Li, Christine u. Ulja Krautwald: Der Weg der Kaiserin, Knaur Verlag 2005.

Lotrop, Hannah: Gute Hoffnung, jähes Ende, Kösel 2005.

Marcovich, Marina u. Theresia Maria deJong: Frühgeborene – zu klein zum Leben?, Fischer Taschenbuch Verlag 1999.

Schäfer, Klaus: Ein Stern, der nicht leuchten konnte, Herder spektrum 2005.

Stern, Daniel: Die Lebenserfahrung des Säuglings, Klett-Cotta 2003.

Stern, Daniel u. Nadia Bruschweiler-Stern: Tagebuch eines Babys, Geburt einer Mutter, Piper 2004.

Strobel, Kornelia: Frühgeborene brauchen Liebe, Was Eltern für ihr „Frühchen“ tun können, Kösel 2004.

Erfahrungen und Schicksale

Julia Tavalaro / Richard Tayson

Bis auf den Grund des Ozeans

„Sechs Jahre galt ich als hirntot. Aber ich bekam alles mit."

Band 4863

„Ein packender, hautnaher Bericht einer Frau, die Ohnmacht, Wut und Schmerzen erfahren hat" (Deutsche Welle).

Liane Holliday Willey

Ich bin Autistin – aber ich zeige es nicht

Leben mit dem Asperger-Syndrom

Band 5300

Die spannende Innenansicht der immer häufiger diagnostizierten Form des „High-Function"-Autismus.

Klaus Schäfer

Ein Stern, der nicht leuchten konnte

Das Buch für Eltern, deren Kind früh starb

Band 5510

Der Tod am Beginn des Lebens stürzt Eltern und Angehörige in tiefste Verzweiflung. Ein einzigartiges Rat- und Trostbuch für Eltern nach Todgeburt und Fehlgeburt.

Hartmut Frehse

Weil ich die Hoffnung nie verlor

Selbstheilung nach einem Schlaganfall

Band 5560

Mit Entschlossenheit und Konsequenz ist dem Autor das Unglaubliche gelungen, was selbst die medizinischen Fachleute nicht für möglich hielten. Er war gelähmt und hilflos. Heute hat er sein Leben in der Hand.

Perrine Huon

Zu jung, um zu sterben

Wie ich die Leukämie besiegte

Band 5688

Perrine Huon, 18 Jahre jung, temperamentvoll, erfährt, dass sie Leukämie hat. Sie kämpft. Und überwindet die Krankheit. „Perrine Huon beeindruckt durch ihre Lebenskraft, die durch die Krankheit noch stärker geworden ist. Ihr Buch strahlt Freude am Leben aus und ist ermutigend." Rolf Verres

HERDER spektrum